Herbert Schwinghammer · Paul Ehrenreich

Heilgewürze und Kräuter

Inhalt

Vorwort

Kaum mehr vorstellbar erscheint es uns angesichts überquellender Verkaufstische auf den Märkten und wohlgefüllten Gewürzregalen in den Supermärkten, dass Gewürze einmal eine geheimnis- und sagenumwitterte Aura um sich hatten und dass von den europäischen Seefahrernationen des Mittelalters grausame Kriege um die Vorherrschaft über die »Gewürzländer« geführt wurden.
Es ging dabei um bei uns heute so selbstverständlich angewendete exotische Gewürze wie beispielsweise Pfeffer oder Muskat. Dagegen waren im Abendland Heilkräuter schon lange bekannt und wurden teilweise auch zum Würzen von Speisen benutzt. Denn es waren bereits die Jäger und Sammler der Vorzeit, die nach würzig schmeckenden, ungiftigen Gewächsen suchten, mit denen sie ihre Nahrungsmittel schmackhafter machen konnten. Dabei ist ihnen wohl nicht entgangen, dass manche dieser Pflanzen zur Bekömmlichkeit der Speisen und zum gesundheitlichen Wohlbefinden beitrugen.

Die »neuen Gewürze«

Als aber in Europa die exotischen Gewürze bekannt wurden, war es eine Frage des Prestiges der Reichen und Mächtigen, das Mahl unbedingt mit den teueren Exoten zu würzen. Die heimischen Kräuter gerieten bei ihnen in den Hintergrund und blieben dem gemeinen Volk vorbehalten. Dass diese »neuen Gewürze« nicht nur das Essen mit einer interessanten Geschmacksnote versehen, sondern dazu auch noch heilende Wirkung aufweisen, konnte man aus der Tradition der heimischen Heil- und Gewürzkräuter zunächst nur vermuten. Heute wissen wir aus Erfahrung und durch wissenschaftliche Untersuchungen, dass auch exotische Gewürze heilende Wirkungen aufweisen.
Damit sind die einheimischen und die exotischen Gewürze mit Heilwirkung gleichermaßen beliebte Zutaten für viele Gerichte. Ihr gesundheitlicher Nutzen ist auch deshalb unbestritten, weil sie im Gegensatz zu den Heilkräutern, die in der Regel nur bei akuten Gesundheitsproblemen Verwendung finden, dem Körper in kleiner Dosierung permanent, womöglich täglich zugeführt werden.
Noch dazu machen Gewürze unsere Speisen verdaulicher, regen unseren Appetit an, beheben Völlegefühl und Blähungen. Überdies wirken sie krampflösend, antibiotisch und können sogar Herz und Kreislauf anregen. So weiß man beispielsweise von Paprika, Meerrettich und Knoblauch, dass sie auf Bakterien wachstumshemmend wirken, also ähnliche Wirkungen haben wie Antibiotika. Auch ist die richtige Gewürzauswahl in der Lage, die Verdauung von Magen und Darm, die Bildung von Galle und die Entleerung der Gallenblase zu steuern, also die Aktivität der Verdauungsorgane zu steigern. Allicin, die antibiotisch aktive Substanz des Knoblauchöls, bekämpft Heubazillen und die Erreger von Fäulnis, Sepsis, Typhus und Paratyphus.

Wir haben für dieses Buch 40 Heilpflanzen ausgewählt, die wir Ihnen in Wort und Bild vorstellen möchten.

Die aufregende Welt der Gewürze

Dieses Buch wendet sich an alle, die gesünder kochen und dadurch gesünder leben wollen. Es möchte Sie anregen, mit Gewürzen und Kräutern zu experimentieren, sich von der aufregenden Welt der Gewürze, Aromastoffe und Kräuter inspirieren zu lassen. Es ist Leitfaden für den richtigen Umgang mit Gewürzen, reich bebildertes Nachschlagewerk und Rezeptbuch zugleich.
Neben Wissenswertem und Interessantem aus Geschichte und Botanik finden Sie Rezepte, Einkaufs-, Lagerungs- und Küchentipps sowie Anregungen für die Aufzucht der Kräuter im Garten, auf dem Balkon oder auf der Fensterbank. Kurz: Sie erfahren alles, was Sie für die Kunst des Würzens und den perfekten Umgang mit Kräutern wissen müssen.

Alles über Kräuter und Gewürze

Exotische Gewürze und Küchenkräuter erfreuen sich wieder großer Beliebtheit, und Wissenschaftler schreiben über den gesundheitlichen Wert der Gewürze. Doch leider haben viele den Umgang mit Gewürzen, der in den Küchen vergangener Jahrhunderte eine Selbstverständlichkeit war, verlernt. Wir möchten Ihnen dieses Wissen wieder nahe bringen, Sie mit Gewürzen und Kräutern vertraut machen.

Eine kleine Gewürzgeschichte

Die Kunst des Würzens ist so alt wie die Menschheit selbst, schon die Bibel erwähnte Gewürze als kostbares Gut. Die Ägypter benutzten Kräuter und Gewürze zum Einbalsamieren, für Salben, Duftwässer und für die Reinigung ihrer Häuser. Im »Papyrus Ebers«, einer medizinischen Schrift aus der Zeit um 1550 v. Chr., wird erwähnt, dass die Ägypter Anis, Kümmel, Kassie, Kardamom, Senf, Sesam, Bockshornklee und andere Gewürze kannten.

Diese Buchillustration aus dem 15. Jahrhundert zeigt, wie in Indien schwarzer Pfeffer geerntet wurde.

Wertvoll wie Gold

Der Gewürzhandel im großen Stil begann 2000 v. Chr. mit den Phöniziern: Sie gründeten Handelszentren an verschiedenen Orten am Mittelmeer und verkauften dort vor allem Zimt und Nelken, die sie an den Küsten Chinas und Indiens aufgekauft hatten. Um ihr Monopol zu bewahren, hielten sie den Ursprung ihrer Waren geheim.

Der Gewürzhandel war damals nicht nur ein einträgliches Geschäft, er bedeutete auch Macht und Einfluss. Mit den Gewinnen wurden Kriegsflotten und Heere ausgestattet, und in späteren Jahrhunderten entbrannte so manche kriegerische Auseinandersetzung um die Vorherrschaft über die Land- und Wasserwege zu den Ursprungsorten der begehrten Gewürze und anderer Waren, wie beispielsweise Edelsteine oder Seide.

Begehrtes Handelsgut

Die Vorherrschaft der Phönizier währte viele Jahrhunderte, bis Tyrus im Jahr 332 v. Chr. von Alexander dem Großen erobert wurde. Von nun an war Alexandria ein wichtiger Umschlagplatz für Händler aus Ost und West.

Bald darauf machten sich auch die Römer auf den Weg zu den Gewürzländern. »Früher wagten sich kaum zwanzig Schiffe aus dem Roten Meer heraus«, schrieb der Geograf Strabo, der um Christi Geburt lebte, »jetzt aber segeln große Flotten nach Indien und bis ans äußerste Ende von Afrika und bringen die teuersten Waren nach Ägypten. In Alexandria ist die Hauptniederlage für jene Waren, denn die Lage dieser Stadt ist für den Handel äußerst günstig.« Die Römer brachten eine Fülle von Gewürzen mit, unter ihnen auch Pfeffer. So begehrt war der Pfeffer, dass die Römer bald darauf in Alexandria als Durchgangsgebühr für alle exotischen Waren einen Pfefferzoll verlangten. Und Apicius erwähnte ihn – neben Liebstöckel, Majoran, Ingwer, Thymian, Sellerie, Petersilie, Ysop, Safran, Dill und Senfsaat – in seinem berühmten Kochbuch »Von der Kochkunst«.

Auch durch Europa führen alte Handeswege, auf denen früher Gewürze, Sklaven, Edelsteine und andere wertvolle »Güter« transportiert wurden.

In den Küchen der Antike dienten Gewürze ebenso wie Apfelessig zum Haltbarmachen der Speisen.

Die venezianische Gewürzmacht

In den folgenden Jahrhunderten ging die Nachfrage nach exotischen Gewürzen zurück, mancher alte Stapelplatz verlor an Bedeutung. Die wenigen Gewürze, die nach Europa gelangten, waren für die Reichen und Mächtigen bestimmt. Gegen Ende seiner Herrschaft verfügte Karl der Große in seiner Verordnung »Capitulare Caroli Magni de villis vel curtis imperialibus« den Anbau von 89 Kräutern und Gewürzpflanzen auf seinen Landgütern. Auch in den Klostergärten wurden Heil- und Gewürzkräuter angebaut. Als Vorbild galten die Benediktiner, deren Ordensstifter dafür sorgten, dass der Kräutergarten in keinem Kloster fehlte.

Einen Aufschwung erfuhr der Gewürzhandel durch die Venezianer. Venedig und Genua wurden die wichtigsten Gewürzhändle;, Genua, Pisa und Venedig legten mit Gewürzen den Grundstock zu ihrem Reichtum; aus der kleinen Hafenstadt Venedig wurde die mächtigste Handelsstadt am Mittelmeer. Unermesslich war der Strom der Gewürze, der sich von Venedig aus nach Mittel- und Nordeuropa ergoss.

Der Weg in die Neuzeit

Doch die Blütezeit der Venezianer währte nicht lange. Die ersten Entdeckerschiffe machten sich auf den Weg, um die Vorherrschaft der Venezianer zu brechen.

Aufstieg und Niedergang der Handelsmacht Portugal

Im Mai 1498 erreichte der portugiesische Seefahrer Vasco da Gama Kalikut, die wichtigste Hafenstadt der indischen Westküste. Er kam mit einer Schiffsladung voller Gewürze zurück. Fortan war es Portugal, das Preise und Bedingungen diktierte. Das venezianische Monopol brach zusammen. Lissabon wurde zum neuen Stapelplatz Europas. 100 Jahre lang hatten die Portugiesen die Vorherrschaft über den Gewürzhandel inne. Doch in der zweiten Hälfte des 16. Jahrhunderts schickten sich die Engländer an, das portugiesische Gewürzmonopol zu brechen. Sir Francis Drake segelte auf der Straße der Gewürze zu den Molukken, eroberte unterwegs nordamerikanisches Land für die Krone Englands und brachte große Mengen an Gewürz mit nach Europa. Bald kontrollierten die Engländer ganz Indien.

Die letzte Kolonialherrschaft

Auch die Holländer machten sich auf den Weg nach Fernost, um dort einen gnadenlosen Eroberungsfeldzug zu beginnen. Sie unterwarfen die Gewürzinseln, unterjochten die Bevölkerung Javas, vertrieben die Portugiesen aus Ceylon, besetzten Malacca, das ostindische Hauptquartier der Portugiesen. Sie schlossen mit den einheimischen Fürsten Verträge ab und begannen, das Land systematisch auszubeuten. Jeglicher Handel mit anderen Ländern wurde unterbunden. Um den Handel überwachen zu können, ließen sie Muskatnuss- und Nelkenbäume ausreißen und erlaubten den Anbau nur auf bestimmten Inseln. Eingeborene, die sich widersetzten, wurden vertrieben und durch holländische Siedler ersetzt. Wer heimlich Nelken oder Muskat anbaute, besaß oder zu verkaufen suchte, wurde getötet. Ende des 17. Jahrhunderts waren die Holländer die unangefochtenen Herrscher Ostindiens. England hatte nur noch wenig Einfluss, die Portugiesen waren vernichtend geschlagen. 100 Jahre währte die Vormachtstellung Hollands. Erst der Krieg mit England, der im Jahre 1780 begann, brach das Monopol. Zwar konnten die Engländer und Holländer ihre Stellung noch eine Zeitlang behaupten, doch die Zeit der Monopole war vorbei.

Handel ohne Grenzen

Heute ist der Handel dezentralisiert, und es gibt viele exportierende Länder. Die meisten Gewürze werden nicht mehr nur in ihren Ursprungsländern angebaut, sondern in vielen Ländern der Erde mit klimatisch günstigen Bedingungen.

Erst die Seefahrt machte den Gewürzhandel in großem Maß möglich. Städte wie Genua und Venedig begründeten damit ihren Reichtum und ihre Macht.

Schon seit dem Mittelalter waren die meisten Kriege Handelskriege, die über den Wohlstand der beteiligten Staaten entschieden.

Heilende Substanzen

Dank des ausweitenden Handel mit Gewürzen kamen unter anderem diese Pflanzen aus ihrer ursprünglichen Heimat Europa

- Auberginen (Asien, Afrika)
- Blumenkohl (Orient)
- Eukalyptus (Australien)
- Ginseng (Nordkorea, Mandschurei)
- Kardamom (Vorderindien)
- Knoblauch (Asien)
- Lorbeer (Kleinasien)
- Muskatnuss (Molukken)
- Nelken (Molukken, Philippinen)
- Pomeranze (Ostindien)
- Rhabarber (China, Tibet)
- Rote Bete (asiat. Steppen)
- Tomate (Anden)
- Zwiebel (Vorderasien)
- Avocado (Mexiko, Kenia)
- Chinakohl (China)
- Fenchel (Kleinasien)
- Kampfer (Südchina, Japan)
- Kartoffel (Anden)
- Kürbis (Südamerika)
- Mais (Mexiko)
- Myrrhe (Somalia, Sudan)
- Paprika (Südamerika)
- Rettich (Vorderasien)
- Rizinus (Afrika)
- Schwarzer Tee (China)
- Zimt (Südostasien, Indien, Südamerika)

Natürliche Heilkraft

Warum Heilpflanzen heilen, war für unsere Vorfahren ein Mysterium. Sie verlegten daher den Ursprung dieses Wissens ins Göttliche. So berichtet beispielsweise Homer, dass beim Heer der Achaier während der Belagerung von Troja zwei Söhne des Asklepios waren, der ebenso wie Achilles die Kunst des Heilens von einem Zentauren gelernt hatte, von Cheiron.

Marktszene um 1550 – Märkte waren früher die Hauptumschlagsplätze für den Handel mit Kräutern und Gewürzen.

Aus Homers Ilias stammen zwei der ältesten Textstellen, aus denen wir ein wenig über das Heilwissen der alten Welt erfahren. Als Homer die folgenden Zeilen schrieb (im achten Jahrhundert vor Christus), war das Zeitalter der Heroen, deren Schicksal und Taten er in der Ilias und der Odyssee für immer festhielt, schon seit fast 500 Jahren vergangen. Trotzdem erkennt man in seinen Zeilen noch immer die Bedeutung, die Heilkunde und frühe Medizin schon damals hatten. Von der Frau Mulios, der im Kampf gegen Nestor fiel, weiß Homer noch zu berichten: »Agamede, der blonden, die Heilkräuter verstand, so viel rings nährt die Erde …«

Man darf annehmen, dass das Erfahrungswissen der Griechen über die heilende Wirkung von Pflanzen und Kräutern schon so früh recht umfangreich und genau war. Hippokrates von Kos, der große Heilkundige, dem angehende Ärzte noch heute den hippokratischen Eid schwören, arbeitete wesentlich später, nämlich erst im fünften und vierten Jahrhundert vor Christus. Er konnte auf bewährten Kenntnissen aufbauen, und seine Rezepte zeugen von Wissen und Klarheit, mit der er Substanzen zusammensetzte, um die Wirkung zu verstärken, zu erweitern – oder abzuschwächen, wo es nötig war.

Auch in den folgenden Jahrhunderten blieb die Natur die größte Lieferantin für Heilsubstanzen, und durch die Entdeckungsfahrten wurde die »Materia medica«, das heißt, die überhaupt zur Verfügung stehenden Mittel, durch Pflanzen aus Süd-, Mittel- und Nordamerika sowie aus Indonesien und Polynesien bereichert. Erst mit dem Aufkommen der chemisch erstellten, modernen Medikamente geriet das Wissen um die Heilkraft der Pflanzen für einige Zeit ins »Aus«. Mit den heutigen Untersuchungsmethoden gelingt es nun nach und nach, die teilweise seit Jahrtausenden empirisch, also aus der Erfahrung, bekannte Wirkung von Kräutern wissenschaftlich zu erklären.

Die Kenntnis der Anwendung von Heilpflanzen beruhte zu Beginn auf Beobachtung und Erfahrung.

Nach dem Brand der Bibliothek in Alexandria kam das gesamte Universitätsleben für Jahrhunderte zum Stillstand.

Wissenschaftliche Ergebnisse

Mithilfe chemischer Analysen werden Pflanzen im Labor in ihre chemisch wirksamen Bestandteile zerlegt. So kann man die Substanzen bestimmen, aus denen sie aufgebaut sind und die sie zu wichtigen, natürlichen Heilmitteln machen.

Ätherische Öle

Sie sind in fast allen Gewürzen enthalten und bestimmen Duft und Geschmack des Gewürzes. Ätherische Öle setzen sich aus vielen verschiedenen Substanzen zusammen. Ihre Bestandteile und Wirkungen unterscheiden sich von Pflanze zu Pflanze. Gemeinsam ist ihnen ihre Flüchtigkeit, die ölartige Beschaffenheit, die Unlöslichkeit in Wasser und der starke Duft.

Hochkonzentriert finden sich ätherische Öle in stark duftenden Pflanzen wie Rosmarin, Thymian, Salbei, Basilikum, Dill, Fenchel und Oregano. Alle haben sie antiseptische (fäulnisverhindernde) und antimikrobielle sowie das Immunsystem stärkende Eigenschaften. Viele wirken krampflösend und entzündungshemmend und helfen dadurch bei Reizungen, Spannungen und Koliken. Andere, wie Thymian und Ysop, helfen beim Abhusten von Schleim; wieder andere wirken harntreibend; oder sie regen Magen, Leber, Galle und das Verdauungssystem an.

Bitterstoffe

Nach den ätherischen Ölen sind Bitterstoffe die wichtigsten Bestandteile der Gewürzpflanzen. Sie steigern die Magen- und Gallensaftsekretion und regen den Fluss der Galle in die Leber an. Verordnet werden sie bei Appetitlosigkeit, Verdauungsschwäche, Magenverstimmung und schwacher Leber- und Gallenfunktion. Außerdem wirken Bitterstoffe kräftigend und anregend auf den Kreislauf und das Abwehrsystem des Körpers und haben beruhigende und entzündungshemmende Wirkung.

Schleimstoffe

Als Schleim bezeichnet man kohlehydrathaltige Stoffe, die zusammen mit Wasser stark aufquellen und zu einer klebrigen, zähflüssigen Masse werden. Bei Pflanzen mit einem hohen Schleimanteil legt sich der Schleim als feine Schicht um die Schleimhäute und schützt sie damit vor Reizstoffen oder wirkt reizmildernd auf sie. Sie bewirken, dass Entzündungen (vor allem der Schleimhäute) rascher abklingen. Außerdem wirken sie leicht abführend, bringen Flüssigkeit in den Darm und lockern den Darminhalt.

Gerbstoffe

Gerbstoffe sind in vielen Kräutern und Heilpflanzen enthalten und haben die Eigenschaft, Eiweißstoffe zu binden und in widerstandsfähige, unlösliche Stoffe zu überführen.
Gerbstoffe helfen bei Reizzuständen der Haut und bei Durchfallerkrankungen. Sie wirken reizmildernd, entzündungshemmend, keimhemmend und auf Haut und Wunden trocknend.

Gewürze in der antiken Heilkunde

Aus ägyptischer, griechischer und römischer Überlieferung wissen wir, dass man zur Behandlung folgende Heilkräuter verwendete

- *Alant*
- *Anis*
- *Basilikum*
- *Bockshornklee*
- *Borretsch*
- *Fenchel*
- *Kerbel*
- *Knoblauch*
- *Koriander*
- *Majoran*
- *Meerrettich*
- *Oregano*
- *Petersilie*
- *Pfeffer*
- *Pfefferminze*
- *Rosmarin*
- *Safran*
- *Salbei*
- *Schafgarbe*
- *Thymian*
- *Wacholder*
- *Ysop*
- *Zitronenmelisse*
- *Zwiebel*

Die Heilkraft einer Pflanze beruht auf der Zusammensetzung der Wirkstoffe, die in ihr auf natürliche Weise konzentriert sind.

Flavonoide

Unter Flavonoide fasst man verschiedene Stoffe der gleichen chemischen Grundstruktur zusammen. Es handelt sich dabei meist um gelb, manchmal auch rot oder blau gefärbte Stoffe, die in heißem Wasser und Alkohol löslich sind. Flavonoidhaltige Kräuter und Gewürze wirken harntreibend, krampflösend und blutgefäßabdichtend. Außerdem wirken sie antioxidativ, indem sie die so genannten Freien Radikalen an sich binden.

Saponine

Saponine sind Glykoside, die in Wasser wie Seife schäumen. Saponinhaltige Gewürze lösen festsitzenden Schleim bei Bronchitis, wirken harntreibend, stärken die Blutgefäßwände, lindern Hautreizungen und Rheuma. Außerdem stärken sie das Immunsystem.

Vitamine

Vitamine sind organische Verbindungen, die für die verschiedenen Stoffwechselfunktionen des Körpers unerlässlich und daher lebenswichtig sind. Da der Organismus nicht in der Lage ist, Vitamine selbst zu bilden, müssen sie mit der Nahrung zugeführt werden. Viele Gewürzpflanzen enthalten Vitamine in großer Menge – vor allem Vitamin C und die Vitamine aus der B-Familie, aber auch die fettlöslichen Vitamine A, D und E.

Der Umgang mit Gewürzen

Gewürze sind zarte, empfindliche Pflanzen, die Duft und Aroma bei unsachgemäßem Gebrauch leicht verlieren können.

Aufbewahrung

Immer ist ein Bauerngarten, also eine Kombination aus angebauten Küchenkräutern, Gemüse und Blumen eine echte Augenweide. Aber auch wer »nur« einen Balkon oder eine geeignete Fensterbank besitzt, braucht auf die Freude, selbst gezogene Gewürzpflanzen zu ernten, nicht verzichten.
Zu den Pflänzchen, die Sie selbst als Samen oder als junge Stecklinge einpflanzen können, gehören:

- Petersilie
- Schnittlauch
- Basilikum
- Salbei
- Rosmarin
- Minze
- Zitronenmelisse
- Kamille
- Ringelblume
- Thymian

Da nur wenige Kräuter und Gewürze in unserem mitteleuropäischen Klima gedeihen, werden sie meist aus südlicheren Ländern importiert.
So ist es wichtig, die nicht gerade billigen Gewürze sachgerecht zu lagern, um das volle Aroma genießen zu können. Außerdem gibt es eine Reihe von formschönen Dosen und Behältern für jeden Geschmack, die jeder Küche auch Atmosphäre und Ambiente geben.

- Gewürze sind lichtempfindlich. Deshalb gehören sie in undurchsichtige Behälter oder Gläser aus dunklem Glas.
- Kaufen Sie Gewürze nur in kleinen Mengen, um Schäden durch zu langes Lagern auszuschließen.
- Bewahren Sie Ihre Gewürze niemals in der Nähe des Herdes auf. Sie könnten sonst durch die hohe Luftfeuchtigkeit Schaden nehmen.
- Streuen Sie die Gewürze niemals aus dem Streuglas über den dampfenden Topfinhalt. Kräuter und Gewürze könnten feucht und klumpig werden. Besser ist, die benötigte Menge mit einem trockenen Löffel zu entnehmen und in den Topf zu geben.
- Verwenden Sie im Zweifelsfall lieber getrocknete Kräuter als frische, die zu lange und unsachgemäß gelagert wurden.
- Körnergewürze wie Anis, Kümmel, Fenchel, Pfeffer sollten nach Möglichkeit ganz aufbewahrt werden. So bleiben sie länger frisch. Sie können auch beschriftete Keramiktöpfchen verwenden – vorausgesetzt,

Zum richtigen Umgang mit Gewürzen gehören auch heute noch viel Erfahrung und Fingerspitzengefühl.

Gewusst wie!

Wer kennt es nicht: Ein Gericht, das man immer wieder einmal kocht, schmeckt manchmal besser gewürzt und manchmal eher lasch. Des Rätsels Lösung ist nicht nur, dass manchmal die Gewürze bereits an Aroma eingebüßt haben – oft ist es auch so, dass man einfach zu spät würzt! Nicht umsonst finden Sie in den Rezepten der französischen oder indischen Küche, die zu den schmackhaftesten der Welt gehören, die Anweisung: »Braten Sie (z.B. die Zwiebeln) mit den Gewürzen in heißem Öl/Butterschmalz (Ghee) an …«
Wer zu spät würzt, wenn alle Zutaten bereits angebraten sind und sich die Sauce entwickelt hat, wird immer ein relativ fad schmeckendes Gericht erhalten – oder er muss mit Unmengen Salz und Fertigsaucen versuchen, das Resultat zu verbessern.

- Ob ein Gewürz mitgekocht oder lediglich über das fertige Gericht gestreut wird, hängt von der Art des Gewürzes und des Gerichtes ab.
- Gewürze, die in zu heißem Fett gebraten werden, bekommen leicht einen bitteren, verbrannten Beigeschmack.
- Will man ungemahlene, ganze Gewürze in einem Gericht mitkochen, gibt man sie am besten in ein kleines Leinensäckchen, das man vor dem Servieren wieder herausnimmt.

TIPP

Reinigen Sie einmal im Jahr Ihren Gewürzschrank mit Essigwasser. Alte Gewürze sortieren Sie aus.

dass sich die Töpfchen wirklich gut verschließen und leicht öffnen lassen.
Plastik ist eher ungeeignet, da sich die Aromastoffe im Plastik absetzten und die Gewürze ranzig werden.

Mit dem richtigen Dreh

Immer wieder faszinierend ist es, einen Blick in die Küche eines Profikochs zu werfen. Die Vielzahl der Töpfe, Kasserollen, Pfannen und Pfännchen sowie die Schöpflöffel, Bratengabeln, Rührbesen usw. zeigen deutlich, dass Kochen kreative Beschäftigung ist. Nicht umsonst wurde die Vielzahl der Küchenhelfer entwickelt – es ist einfach wichtig, für jeden Vorgang das passende Gerät zur Hand zu haben. Für den professionellen Umgang mit Gewürzen bedeutet dies:

- Für Muskatnüsse (immer im Ganzen kaufen!) gibt es spezielle Muskatnussreiben, die sich nach dem Gebrauch leicht reinigen lassen, oder Mühlen. Bei den durchsichtigen Mühlen erkennt man auch auf einen Blick, wann man den Vorrat ergänzen muss.
- Stark ölhaltige Gewürze wie Kardamom sollten immer mit einer eigenen Mühle gerieben werden, da sich das Öl in den Behältern festsetzt und jedes andere Aroma überdeckt.
- Frische Kräuter werden kalt abgespült, ausgeschüttelt und auf einem Kunststoff- oder Porzellanbrett gehackt (Holzbretter saugen den Saft der Kräuter auf).
- Auch getrocknete Kräuter entwickeln ein intensiveres Aroma, wenn man sie vor dem Würzen im Mörser verreibt.

Zum Mahlen oder Zerstoßen des Gewürzes (am besten erst unmittelbar vor Gebrauch) verwendet man eine Gewürzmühle, einen Mörser oder eine angeraute Apothekerreibeschale.

Tipp

Bei der Zubereitung rechnet man pro Person je nach Intensität des Gewürzes ½ bis 1 gestrichenen Teelöffel frischer Kräuter.

Der Geschmack frischer Kräuter

Sie haben es sicher schon einmal ausprobiert. Nicht nur Schnittlauch und Petersilie sind mit ihrem frischen Grün eine Augenweide. Auch Basilikum, die langen Nadeln des Rosmarins und erntefrische Zitronenmelisse sind weit mehr als irgendwelches Beiwerk an einem Gericht. Sie haben einen unverwechselbaren, optischen Charakter, der immer wieder überrascht.
Wie Sie den ganzen Geschmack des Südens und ferner Länder in eine Speise zaubern, sagen Ihnen unsere folgenden Tipps.

- Am besten kaufen Sie frische Kräuter am frühen Morgen, wenn sie ganz frisch sind.
- Erst unmittelbar, bevor sie an die Speisen gegeben werden, sollten frische Kräuter zerkleinert werden.
- Frische Kräuter können eine Woche in einer Plastiktüte oder einem Plastikbehälter im Gemüsefach des Kühlschranks aufbewahrt werden.

Spezielle Tipps

Gerade die frischen Kräuter sind zarte Pflanzen, die man am besten individuell behandelt, wenn man möchte, dass sie ihr ganzes Aroma entfalten.

- Basilikum nicht frisch gepflückt in den Kochtopf geben, solange das Gericht kocht. Das Basilikum wird sonst bitter!
Besser ist, das klein geschnittene Basilikum über die fertig angerichtete Speise zu streuen.
- Majoran und Oregano brauchen etwa eine Viertelstunde, um alle ätherischen Öle freizusetzen. Am besten 15 Minuten vor Fertigstellung des Gerichts dazugeben.
- Meerrettich nicht mitkochen! Nur kurz in der fertigen, heißen Sauce mitziehen lassen.
- Salbei im Fett mit anbraten.
- Rosmarinnadeln oder -zweiglein mitgaren lassen und vor dem Servieren entfernen.

Gewürze konservieren

Nicht jedes Küchenkraut ist das ganze Jahr über erhältlich. Wer für den Winter gerüstet sein will, sollte sich beizeiten einen Vorrat an Kräutern und Gewürzen zulegen.

Trocknen von Kräutern und Früchten

Nicht jedes Gewürzkraut lässt sich gleichermaßen gut konservieren.

- Schnittlauch, Kresse, Kerbel und Basilikum verwendet man beispielsweise am besten frisch.
- Majoran, Rosmarin und Thymian hingegen kann man sehr gut trocknen.

So geht's am besten

Zum Trocknen hängt man die Kräuter einzeln oder in kleinen Sträußen an einen warmen, luftigen, trockenen Ort im Schatten (nicht in die Küche – hier ist die Luftfeuchtigkeit zu hoch).

- Lose Blätter, Blüten oder Früchte können zum Trocknen gut auf einem Leinentuch ausgebreitet werden. Noch besser ist allerdings ein Trockenrahmen aus fünf Zentimeter breiten Latten. Man kann ihn selbst basteln und mit einem Leinentuch bespannen. Es gibt auch regelrechte Trockenapparate, die im Fachgeschäft erhältlich sind.

Heimische Heilkräuter – Sammelkalender

Wer sich gut mit Pflanzen auskennt, findet viele Heilpflanzen direkt am Wegrand.

Pflanze	Sammelmonat
Alant *(Wurzel)*	*März, April, September, Oktober*
Angelika *(Wurzel)*	*März, April, September, Oktober*
Bärlauch *(Blätter)*	*April, Mai*
Beifuß *(Kraut)*	*Juli, August*
Kapuzinerkresse	*Mai, Juni, Juli, August, September*
Kerbel *(Blätter)*	*Juni, Juli, August*
Pfefferminze *(Blätter)*	*Juni, Juli, August*
Quendel *(Kraut)*	*Mai, Juni, Juli, August,*
Schafgarbe *(Blätter und Blüten)*	*Juni, Juli, August, September*
Wacholderbeeren	*September, Oktober*
Ysop *(Kraut)*	*Juli, August*

Die klassischen Küchenkräuter Borretsch, Dill, Koriander, Kümmel, Majoran, Meerrettich, Oregano, Petersilie, Rosmarin, Salbei, Thymian, Zitronenmelisse und die Gemüse wie Fenchel, Knoblauch und Zwiebel folgen den üblichen Zeiten für Aussaat oder Pflanzen der Schösslinge sowie der Ernte.

- Trocken sind die Kräuter, wenn die Blätter zwischen den Fingern zerbröseln und die Stängel leicht brechen.
- Früchte wie Beeren oder Samen sollten hart sein.

• Aufbewahrt werden die Kräuter in dunklen Gläsern oder Dosen. Die Gefäße sollten gut schließen und trocken gelagert werden.

Wurzeln richtig trocknen

Wurzeln werden vor dem Trocknen gründlich mit einer Bürste und Wasser gereinigt, klein geschnitten und im Backofen bei milder Wärme (50 °C) getrocknet.

Einfrieren

Kräuter lassen sich sehr gut einfrieren.

• Besonders gut geeignet sind Basilikum, Dill, Petersilie, Salbei, Zitronenmelisse, Kerbel und Pfefferminze.

• Möglichst frische Kräuter verwenden.

• Sie frieren die Sträußlein mit frischen Kräutern gleich nach dem Kauf in größeren Beuteln ein. Sind die Kräuter gefroren, zerreiben Sie sie rasch und füllen sie in kleine Portionsdosen um. Diese Portionsdosen haben den Vorteil, dass man sie immer wieder leicht öffnen und verschließen kann. So nehmen die gefrorenen Kräuter keinen Schaden. Und Sie können die Kräuter problemlos portionieren.

So geht's am besten

• Die Kräuter waschen, abtropfen und auf Küchenkrepp trocknen lassen.

• Anschließend die gröbsten Stiele entfernen, die Kräuter fein hacken und in kleine Gefrierbeutel oder Gefrierdosen geben.

• Praktisch ist auch eine Eiswürfelschale: Die fein gehackten Kräuter in die Schale geben, mit etwas Wasser auffüllen und vorgefrieren. Nach einigen Stunden die Würfel aus der Schale lösen, einzeln in einen Gefrierbeutel geben und im Tiefkühlfach lagern.

Bei großblättrigen Kräutern wie Basilikum kann man die Blätter auch ganz einfrieren.

In Essig oder Öl einlegen

Eine weitere Möglichkeit der Konservierung ist das Einlegen der Kräuter in Essig oder Öl.

So geht's am besten

• Man füllt dafür die Kräuter (vorher kalt waschen und trockentupfen) in vorbereitete Gläser mit Schraubverschluss, gießt gutes Öl oder Essig auf und verschließt die Gläser.

• Die Gläser werden kühl und dunkel aufbewahrt.

Königliches Basilikum

Seit einigen Jahren erfreut sich Mediterrane Küche auch in Deutschland größter Beliebtheit. Zu Recht, die meisten Gerichte entsprechen dem modernen Lebenstil weitaus besser als die traditionellen Speisen der gutbürgerlichen deutschen Küche: Knackige Salate, wertvolles Olivenöl, ballaststoffreiche Pasta mit unvergleichlich leckeren Saucen, kurz gebratenes Fleisch, viel Fisch – das macht die Küche Italiens, Griechenlands, Südfrankreichs, des Balkans, Griechenlands und der Türkei leicht, bekömmlich und relativ fettarm.

Zu den Gewürzen, die im Zuge dieser »Versüdlichung« unserer Ernährung in Deutschland populär geworden sind, gehört auch das Basilikum. Basileus, König (der Gewürze), heißt dieses einjährige Küchenkraut wahrscheinlich, weil sein Aroma alle anderen Gewürze überdeckt. Deshalb kommt es am besten zum Tragen, wenn es das einzige oder das wichtigste Würzmittel ist und einer Speise ihr unvergleichliches Aroma verleiht wie der »Insalata Caprese«, dem dreifarbigen Tomaten-Mozzarella-Basilikum-Salat, oder der kraftvoll würzigen Spagettisauce »Pesto«.

Mit unseren folgenden beiden Zubereitungen haben Sie die unvergleichliche Würzkraft des Basililikums und seine vielfältige gesundheitsfördernde Wirkung sommers wie winters zur Hand.

Nur wenige wissen, wie gut man Kräuter einfrieren kann. Probieren Sie es doch einmal selbst aus.

Basilikumessig

Verwenden Sie etwa 80 Gramm Basilikumblätter auf einen Liter Apfelessig. Eine Prise Salz und einige Pfefferkörner hinzufügen und die Flasche mindestens vier Wochen an einem nicht zu heißen, schattigen Ort stehen lassen.

Basilikumöl

Verwenden Sie etwa 50 Gramm Basilikumblätter auf einen Liter Olivenöl. Die Flasche gut verschließen und mindestens zwei Wochen stehen lassen. Die Flasche alle drei Tage einmal kräftig schütteln, den Inhalt durchseihen und in eine andere Flasche umfüllen. Sehr gut schmeckt auch Rosmarin- oder Knoblauchöl. Dazu benötigt man sechs Esslöffel gehackte Kräuter bzw. sechs geschälte Knoblauchzehen.

Große Würztabelle

Gewürz, Kraut	Gesundheitlicher Wert	Verwendung in der Küche
Alant	Antiseptisch, antibiotisch, verdauungsfördernd, stärkt Herz und Kreislauf	Kandierte Wurzel für Süßspeisen, Medizin, Likörindustrie (Bitter- und Abteiliköre)
Angelika	Verdauungsfördernd, appetitanregend, krampflösend, schleimlösend, antiseptisch	Stängel und Blätter als Gemüse, Blätter als Zutat für Suppen, Kräutermischungen, Salate, Rharbarber- und Orangenmarmelade, kandierte Stängel zum Dekorieren von Kuchen und Biskuitgebäck, aromatisiert Kräuter- und Bitterliköre
Anis	Schleimlösend, antibakteriell, verdauungsfördernd	Zum Aromatisieren von Ouzo, Raki, Pastis, Anisette-Likör, Weihnachtsgebäck, Süßspeisen, Cremes, Brot, Anisplätzchen, -zwieback, -brezeln, -brot, Rotkohl, Gurken, Kürbis, Pilze, Kohlgerichte, Zwetschgenmus, Obstsuppen, in Indien für Currys, Fisch- und Gemüsegerichte
Bärlauch	Entzündungshemmend, antibakteriell, verdauungsfördernd, appetitanregend	Salate, Suppen, Eintöpfe, Quark, Butterbrote, Risottos
Basilikum	Antimikrobiell, appetitanregend, verdauungsfördernd, harntreibend, beruhigend	Mit Tomaten und Mozzarella, zu allen Tomatengerichten, in Pesto, zu Fleisch- und Fischgerichten
Beifuß	Antibakteriell, verdauungsfördernd, harntreibend, krampfstillend, beruhigend und kräftigend	Schweinebraten, Wild, Hammelfleisch, Ente, Gans, Aal und Makrele, Eintöpfe, Saucen, Gerichte mit Hülsenfrüchten
Bockshornklee	Appetitanregend, kräftigend, stärkend	Beilage zu geschmortem Schwein, Lamm oder Rind, Fleisch-, Kartoffel- und Gemüsecurry, als Brotgewürz, in Fischgerichten, Chutneys, sauer eingelegtem Gemüse
Bohnenkraut	Magenstärkend, appetitanregend, verdauungsfördernd, nervenberuhigend, antibakteriell	Bohnen, Hülsengerichte, Würste, Fleischgerichte, Fleischfüllungen, Pasteten, alle deftigen Gerichte, Salate, Rohkost
Borretsch	Harn- und schweißtreibend, nerven- und herzstärkend, blutreinigend, fiebersenkend, antibakteriell	Kopf-, Gurken- und Tomatensalat, Jogurt, Frischkäse, Quark, Hackfleischgerichte, Kräutersauce, Geflügelfüllungen, Suppen, Fleischgerichte, Bohnengerichte
Dill	Krampflösend, verdauungsfördernd, antibakteriell	Grüner Salat, rohe Gemüsesalate, helle Saucen zu Fisch, Schalentieren und hartgekochten Eiern, klare Suppen, Gemüsesuppen, Fischsuppen, Suppen aus Krusten- und Schalentieren, Quark, Kräuterbutter, Kräuteressig, zum Einlegen von Gurken
Fenchel	Schleimlösend, verdauungsfördernd, beruhigend	Saucen, Fischgerichte, fette Fleischgerichte, Hülsenfrüchte, Salate, Gemüse, Kekse, Plätzchen, Brot, Suppen, Saucen, Gemüse- und Fischgerichte, Eingemachtes, in Fernost zu Fischcurrys, Hummer, Garnelen

Große Würztabelle

Gewürz, Kraut	Gesundheitlicher Wert	Verwendung in der Küche
Ingwer	Verdauungsfördernd, hilft gegen Übelkeit und Erbrechen, stärkt Immunsystem, antibakteriell	Süßspeisen, Desserts, Ingwerbrot, Ingwerbiskuits, Puddings, Cremes, Quarkspeisen, Fleisch-, Geflügel- und Fischgerichte, Pickles, Chutneys, eingelegte Gurken, Kürbisse, Sauerbraten, Suppen, Reisspeisen, aromatisiert Magen- und Bitterliköre
Kapuzinerkresse	Antibiotikum, stärkt das Immunsystem, appetitanregend, verdauungsfördernd	Als Belag auf Butterbrot, Salate, zur Garnierung von gekochten Eiern und Salaten, Kapernersatz
Kardamom	Antibiotisch, verdauungsfördernd, stoffwechsel- und kreislaufförderndes Mittel, guter Schleimlöser	Currys, Pilaws, Bestandteil vieler Liköre, Kuchen- und Backgewürz, Suppen, Saucen, Fleisch-, Geflügel- und Fischgerichte, Pasteten, Gemüse, Kompotte, Pudding
Kerbel	Hoher Vitamin-C-Gehalt, mineralstoffreich, schweiß- und harntreibend, stärkt das Immunsystem	Bestandteil der Fines herbes, Omelettes, Rühreier, Salate, Kerbelsuppe, Saucen, Suppen, Kräuterbutter, Quark, Rohkost, Gemüse, klare Fleischbrühen, gegrillter Fisch, Bratkartoffeln, Fleischgerichte
Knoblauch	Antibakteriell, desinfizierend, Blutreinigungsmittel, beugt Herz-Kreislauferkrankungen, Herzinfarkt und Arteriosklerose vor	Fleisch, Fisch, Wild, Schalentiere, Gemüse, Salate, Lammfleisch, Bouillabaisse, zum Aromatisieren von Olivenöl und Weißweinessig, Knoblauchbutter
Koriander	Antibakteriell, verdauungsfördernd, appetitanregend, krampflösend	Currys, Chutneys, Saucen, Schweinebraten, Lamm, Rind, Wild, Pasteten, Aal, Kohlgerichte, zum Einlegen von Gurken, Rote Beete, zum Würzen von Brot und Brötchen, für Wildbeizen und Zwetschgenmus, Obstsalat, Obstkompott, Apfelmus, Weihnachtsgebäck, Lebkuchen, Printen, Spekulatius, zum Aromatisieren von Trinkbranntweinen
Kreuzkümmel	Krampflösend, verdauungsfördernd, appetitanregend	Standardgewürz in indischer, indonesischer und mexikanischer Küche, Currys, Garam marsala, Hammelgerichte, Fisch- und Geflügelcurrys, Satés, Chili con carne, Pickles, Käse, Fleischkonserven, Würste, Käsegewürz, Einlegen von Kohl, Likörbereitung
Kümmel	Krampflösend, verdauungsfördernd, antibakteriell	Typisch deutsches Gewürz, Kartoffeln, Rote Beete, Sauerkraut, Eintöpfe, Suppen, deftige Fleischgerichte, Brotgewürz, Quark, Likörzubereitung (Allasch, Aquavit, Eiskümmel, Berliner Kümmel, Kräuter- und Bitterliköre)

Große Würztabelle

Gewürz, Kraut	Gesundheitlicher Wert	Verwendung in der Küche
Kurkuma	Regt Gallefluss an, antibakteriell, verdauungsfördernd	Färbt Currys, pikante weiße, kalte und heiße Saucen, Saucen für Krabben, Hummer und Muscheln, würzt Suppenhuhn, Reis, Reisgerichte, Rühreier, harte Eier, Senf und Senfsaucen, Bestandteil von Curry und Worcestersauce
Majoran	Antibakteriell, desinfizierend, verdauungsfördernd, krampflösend	Deftige und fette Gerichte, fette Wurst, Blut- und Leberwürste, Eintöpfe, Hülsenfruchtgerichte, Leberknödel, Suppen, Lamm- und Schweineragout, Kohl und Pasteten
Meerrettich	Antibiotisch, antibakteriell, verdauungsfördernd, appetitanregend, stärkt Herz und Kreislauf und Immunsystem	Frisch gerieben zu Würstchen, Fleisch und Fisch, Saucen, Sahnemeerrettich, als Beigabe zu gekochtem Fisch, Lachs, Roastbeef, gekochtem Rindfleisch (Tafelspitz)
Muskatnuss	Krampflösend, verdauungsfördernd	Suppen, weißes Gemüse, Blumen- und Rosenkohl, Spargel, Lauch, Klöße, Fleischgerichte, Fleischbrühe, Fisch, Wild, Wurst, Ravioli-Füllungen, Gemüsegerichte, Kalbfleisch, Pastasaucen, Käse, Kuchen, Süßspeisen, Honigkuchen, Fruchtkuchen, Fruchtdesserts, Fruchtpunch
Oregano	Antibakteriell, verdauungsfördernd, krampflösend	Tomatengerichte, Pizza, griechische Salate, Braten, Geflügel, Lamm, Hackfleisch, Fisch, Gemüse, Hülsenfrüchte, Bohnen-, Kartoffel- und Fleischeintöpfe
Petersilie	Harntreibend, krampflösend, entwässernd, antibakteriell	Universalgewürz, Bestandteil des Bouquet garni und der Fines herbes, Suppen, Eintöpfe, Gemüsegerichte, Salate, Fleisch-, Fisch- und Geflügelgerichte, Hackfleisch, Pasteten, Eierspeisen, Quark, Kartoffeln, Bestandteil der Frankfurter Grünen Sauce
Pfeffer	Verdauungsfördernd, durchblutungsfördernd, entzündungshemmend, antiallergisch, schweißtreibend, stärkt Immunsystem	Allroundgewürz, Schwein, Lamm, Rind, Fisch, Marinaden, Saucen, Suppen, Eintöpfe, Eierspeisen, Gemüse, Salate
Pfefferminze	Krampflösend, verdauungsfördernd, stärkt Gallefluss	Englische und amerikanische Küche: Mint-Sauce zu Hammel- und Lammbraten, Frucht- und Gemüsesalate, Quarkspeisen, Erbsen, Karotten, Kohl, zum Bestreuen von Tee, Obstsäften, Punch, Wein. Levante und Mittlerer Osten: Chutneys, Kartoffeln, Erbsen, Bohnen, Linsen, Gurken, Tomaten, Auberginen, Karotten, Pilze, Hammelgerichte. Kosmetik- und Likörindustrie, Tee
Pimpinelle	Appetitanregend, verdauungsfördernd, antibakteriell	Salate, Suppen, Gemüseeintöpfe, Frankfurter Grüne Sauce, Quark, Kräutersaucen, -butter, -majonäse, Fisch, Frikassee, Eiergerichte
Rosmarin	Krampflösend, appetitanregend, regt Gallefluss an, kreislaufanregend, verdauungsfördernd	Lamm- und Hammelfleischgerichte, Hähnchen, Suppen, Schmorgerichte, Bestandteil des Bouquet garni, Gemüsesuppen, Gemüse- und Fleischeintöpfe, Geflügel, Wild, Ratatouille, Salat, Bratkartoffeln, Pizza

Große Würztabelle

Gewürz, Kraut	Gesundheitlicher Wert	Verwendung in der Küche
Quendel	Schleimlösend, verdauungsfördernd, krampflösend, antibakteriell, desinfizierend	Rotes Fleisch und Wild, Fisch- und Geflügelfarcen, Suppen, dunkle Saucen, Gemüse, Kohlgerichte, Tomaten, Hackfleisch, Hammel, Bratkartoffeln, Salate
Safran	Krampflösend, schmerzstillend, antibakteriell, appetitanregend, verdauungsfördernd, herzstärkend	Zum Färben heller Suppen, Blumenkohlsuppe, Spargelsuppe, klare Suppen, Reis, Paella, Bouillabaisse, Risotto alla Milanese, Kuchen, Hammel, Lamm, Hühnerfleisch
Salbei	Antibakteriell, verdauungsfördernd	Für fette Speisen, gebratene Leber, Aal, Hering, Geflügel, Lamm, Hackfleisch, Kalbfleisch (Saltimbocca), Salatsaucen, Quark, Frischkäse, Teigwaren, Bratkartoffeln, Eintöpfe, Omeletts, Gemüsegerichte
Sassafras	Harn- und schweißtreibend, entschlackend	Fleischgerichte, Meeresfrüchte, Flusskrebse, Huhn, Suppen, Saucen, Schmorgerichte, Wild
Schafgarbe	Verdauungsfördernd, appetitanregend, krampflösend, entzündungshemmend, wundheilend, stärkt Immunsystem	Salate, Kräuterquark, Brotaufstrich, Suppen, Eintöpfe, Gemüse, Bestandteil der Gründonnerstagssuppe
Tamarinde	Abführend	Currys, Chutneys, Eintöpfe, Suppen, Saucen, Marmelade, Gelee, Erfrischungsgetränke, Tee, Fisch und Geflügel
Thymian	Krampflösend, schleimlösend, antibakteriell	Zu allen herzhaften, fetten Speisen, Schweinefleisch, Lamm, Hammel, Geflügel, Hackbraten, Eintöpfe, Kartoffeln, Gemüsegerichte, klassisches Pizzagewürz, Bestandteil des Bouquet garni, Füllungen für Ravioli, Tortellini, in Brühen und Fonds, Tomatensuppen
Wacholderbeeren	Harntreibend, verdauungsfördernd	Wild, deftige Hausmannskost, Sauerkraut, Kohlgerichte, Wirsing, Eintöpfe, Gulasch, Fleischgerichte, Fischsud und -marinade, Fond von Geflügel und Wild, Frikadellen, Pasteten, Saucen, Obstgelee
Ysop	Appetitanregend, verdauungsfördernd, magenstärkend, harn- und schweißtreibend, blutreinigend	Bohnengerichte, Eintöpfe, Suppen, Schweine- und Hammelfleisch, Salate, Kräutersaucen, Quark, Kalbsbraten, Ragouts, Fischgerichte, für die Likörbereitung
Zimt	Antibakteriell, antibiotisch, verdauungsfördernd, krampflösend, appetitanregend, ausgezeichnetes Magenmittel	Zutat für Süßspeisen, warme Getränke wie Punch, Glühwein, Kompotte, Apfelmus, Milchreis, Quarkspeisen, Aufläufe, Obstsalat, Pudding, Flammeris, Weihnachtsgebäck, in Indien Zutat zu Currys, Pilaws, Fleischfüllungen, Hammelfleisch
Zitronenmelisse	Krampflösend, verdauungsfördernd, beruhigend, nervenstärkend	Omelettes, Salat, Kräutersaucen, Kräuterquark, Jogurt, Wildgerichte, Gemüse, Pilzspeisen
Zwiebel	Antiseptikum für Magen und Darm, verdauungs- und durchblutungsfördernd	Universalgewürz, Salate, Quark, Saucen, Eintöpfe, Bratkartoffeln, Braten, Fleischgerichte, Zwiebelkuchen, Matjes

Heilpflanzen

mit verdauungs-fördernder Wirkung

Die sanfte therapeutische Wirkung der ersten elf Heilpflanzen kann sich natürlich am wirkungsvollsten in Tees oder Kaltauszügen entfalten. Dafür werden die Kräuter in eine Glaskanne gegeben, mit heißem oder kaltem Wasser übergossen und mehrere Minuten »ausgezogen«. Auf den folgenden Seiten zeigen wir Ihnen außerdem, wie Sie mit dem richtigen Gewürz selbst so sättigende Speisen wie Gänsebrust bekömmlich machen können.

Bärlauch

Allium ursinum

Der Bärlauch wächst vor allem in Europa, aber auch im nördlichen Asien ist er verbreitet. Man findet ihn in großen Mengen in feuchten Laub- und Auwäldern. Mit seinen lanzettförmigen grünen Blättern ist er den Maiglöckchen sehr ähnlich, vom Geruch her jedoch erinnert er an den Knoblauch. Man nennt ihn deswegen auch den »wilden Knoblauch«, weitere Namen sind »Hexenzwiebel«, »Zigeunerlauch«, »Wilder Knofel«, »Ränsel« und »Waldknoblauch«. In der Heilkunde wird der Bärlauch vor allem seiner blutreinigenden und entschlackenden Wirkung wegen geschätzt. Verwendung finden vor allem die Blätter.

Heilwirkung

Die große Heilkraft des Bärlauch war schon Kräuterpfarrer Künzle bekannt, er sagte über den Bärlauch: »Wohl kein Kraut der Erde ist so wirksam zur Reinigung von Magen, Gedärm und Blut wie der Bärlauch.«

Lauchöl, ein hoher Gehalt an Vitamin C und die so genannten Flavonoide sind die wichtigsten Wirkstoffe des Bärlauch. Sie haben in der individuellen Zusammenstellung, die im Bärlauch auf natürliche Weise konzentriert ist, eine direkte, anregende Wirkung auf die Verdauungsorgane. Sie aktivieren Magen, Darm, Leber und Galle.

- Der Bärlauch reinigt Magen und Darm, wirkt stark antibakteriell, behebt Blähungen und Verdauungsstörungen und regt den Appetit an.

Ferner wird er als blutreinigendes Mittel geschätzt, findet bei zahlreichen Frühjahrskuren Verwendung und beugt Durchblutungsstörungen, Arteriosklerose und Bluthochdruck vor.

Inhaltsstoffe

- *Ätherisches Öl (u. a. Lauchöl)*
- *Vitamin C*
- *Mineralstoffe*

Sammeln in der freien Natur

Man sammelt die Blätter am besten noch vor der Blüte im zeitigen Frühjahr. Verwendung finden nur die frischen Blätter. Später faulen sie und riechen sehr unangenehm; getrocknet verlieren sie ihre Heilkraft.

Die Bärlauchblätter sehen für den ungeübten Sammler den giftigen Blättern des Maiglöckchens ähnlich. Verstärkt wird die Ähnlichkeit dadurch, dass das Maiglöckchen zur selben Zeit blüht und ähnliche Standorte bevorzugt!

Wenn Sie unsicher sind, sollten Sie die Blätter der Pflanzen zwischen den Fingern zerreiben. Riecht Ihre Hand dann eindeutig nach Lauch oder Knoblauch, haben Sie Bärlauchblätter gefunden.

> **Vorsicht!**
>
> *Gehen Sie beim Sammeln sicher, dass Sie Bärlauch und kein Maiglöckchen vor sich haben – seine Blätter sind giftig!*

Über unser Rezept

Zu den selbst gemachten Gnocchi ist die feine Zitonensauce eine erfrischende Ergänzung.

Wir verwenden für die Gnocchi nur die reinen Zutaten Kartoffeln, Grieß, Parmesankäse und Eigelb, die nicht zu intensiv gesalzen und gepfeffert werden. So ist der pikante Bärlauchgeschmack eine interessante Zugabe, die unter den Zutaten nicht zu stark vorschmeckt.

Die kurze Garzeit der Gnocchi schadet den Wirkstoffen, die im Bärlauch enthalten sind, nicht.

Verwendung in der Küche

Fein geschnitten würzt der Bärlauch Salate, Suppen, Eintöpfe und Risottos, aber auch Quark und Butterbrote – mit seinem würzigen Knoblauchgeschmack passt er überall dort, wo man Schnittlauch gerne verwendet.

Sehr gut schmeckt er auch als Salat oder Gemüse (gemischt mit Brennnesselblättern) zubereitet.

Parmesan-Gnocchi mit Bärlauch

Für 4 Personen

Für die Gnocchi

1 kg mehlig kochende Kartoffeln
150 g Hartweizengrieß
6 frische Bärlauchblätter
100 g geriebener Parmesankäse
4 Eigelb
Salz, Pfeffer

Für die Sauce

½ unbehandelte Zitrone
100 g Butter
grober schwarzer Pfeffer

1 Möglichst Kartoffeln gleicher Größe aussuchen und unter fließendem Wasser waschen. Die Kartoffeln mit der Schale in Salzwasser bei mittlerer Hitze zugedeckt weich garen.

2 Das Wasser abgießen, die heißen Kartoffeln in die Pfanne zurückgeben und auf der ausgeschalteten Herdplatte ausdampfen lassen. Die Kartoffeln sollen ganz trocken sein, damit möglichst wenig Grieß beigefügt werden muss. Die Kartoffeln noch heiß schälen und durch die Kartoffelpresse drücken.

3 Den Hartweizengrieß fein mahlen und die Bärlauchblätter in feine Streifen schneiden. Grieß, Bärlauch, Parmesankäse, Eigelbe und Gewürze unter die Kartoffeln mischen. Von Hand rasch zu einem weichen Teig verarbeiten.

4 Den Kartoffelteig in zwei bis vier Portionen teilen und auf etwas Grieß zu jeweils zwei Zentimeter dicken Rollen formen.

5 Von den Rollen drei bis vier Zentimeter lange Stücke abschneiden und über eine gemehlte Gabel drücken, damit das typische Muster von Gnocchi entsteht.

6 Für die Sauce die Zitronenschale fein abreiben, den Saft auspressen, Pfeffer dazugeben und in einer weiten Bratpfanne mit der Butter warm werden lassen.

7 Gnocchi portionsweise in reichlich siedendem Salzwasser kochen. Sobald sie an die Oberfläche steigen, mit einer Schaumkelle herausnehmen und in die warme Butter geben. Auf vorgewärmte Teller anrichten, sofort servieren.

Beifuß

Artemisia vulgaris

Beifuß, ein Verwandter des Wermuts und der Eberraute, wächst wild an Hecken, Wegrändern und Zäunen in den gemäßigten Regionen Europas, Asiens und Nordamerikas. Seine Blätter sind gefiedert, dunkelgrün und an den Unterseiten weißlich und filzig. Die Pflanze aus der Familie der Korbblütler kann bis zu zwei Meter hoch werden und wird gerne als Einfassung im Ziergarten kultiviert. Früher wurde der Beifuß in der Küche sehr häufig verwendet, heute kennt man ihn vor allem als Gewürz für Geflügel. In der Volksmedizin galt der Beifuß als Arznei gegen Frauenleiden, Nervenschmerzen, Hysterie, Hämorriden, Rheuma und Gicht.

Heilwirkung

Ätherisches Öl und Bitterstoffe sind die Hauptbestandteile der Wirkstoffe des Beifuß. Sie bewirken, dass die Pflanze als Bittermittel von unverwechselbarem Geschmack in der Küche, aber auch in der Medizin Verwendung findet.

• Die Volksmedizin verwendet Beifuß ganz ähnlich wie den Wermut. Die beiden Pflanzen sehen einander nicht nur zum Verwechseln ähnlich – sie haben auch eine verwandte Wirkung. Man verschreibt Beifuß bei starken Störungen im Magen- und Darmbereich wie zum Beispiel bei stark riechendem Durchfall oder bei heftigem Mundgeruch.

• Beifuß ist ein ausgezeichnetes Mittel gegen Wurmbefall; er hilft bei Verdauungsproblemen, Menstruationsbeschwerden und bei Muskelschmerzen nach anstrengender körperlicher Tätigkeit.

• Überdies wirkt er harntreibend und krampfstillend und wird bei körperlicher Schwäche und Nervosität empfohlen.

Inhaltsstoffe

- *Ätherisches Öl*
- *Bitterstoffe*
- *Gerbstoffe*

Anbau im Gewürzgarten

Beifuß ist vergleichsweise anspruchslos, am besten jedoch gedeiht er in trockenen und kalkhaltigen Böden in sonniger Lage. Die Samen werden im April in einen Frühbeetkasten oder ab Ende Mai ins Freie ausgesät. Für den Hausgebrauch genügt eine einzige Staude. Geerntet wird kurz vor der Blüte, weil dann die Würzkraft am stärksten ist; man bündelt die Zweige und hängt sie zum Trocknen auf. Lässt man die Blütenrispen am Strauch, sät sich der Beifuß in kurzer Zeit selbst aus. Wegen seiner Größe wird Beifuß gerne am Zaun gepflanzt, aber auch als Schutzpflanzung für windempfindliche, niedrig wachsende Kräuter eignet er sich sehr gut.

Verarbeitung

Man kann den Beifuß getrocknet und gebündelt als Zweige mitsamt den Blütenrispen kaufen. Aber auch gerebelt und pulverisiert ist er erhältlich. Seltener findet man frische Blütenrispen.

Verwendung in der Küche

In früheren Zeiten war der Beifuß fast so beliebt wie heute die Petersilie. Man verwendete ihn gerne und reichlich – vor allem, um fette Speisen verdaulicher zu machen. Seit einiger Zeit besinnt man sich wieder auf die Qualitäten dieses uralten Gewürzes. Sehr gut passt er zu Schweinebraten, Wild, Hammelfleisch, Ente und Gans sowie zu Aal und Makrele. Aber auch in Eintöpfen, Saucen und Gerichten mit Hülsenfrüchten ist er sehr gut. Verwendung findet er sowohl frisch als auch getrocknet, wobei der frische Beifuß dem getrockneten vorzuziehen ist. Beide müssen in den Speisen mitgekocht werden, um ihr volles Aroma zu entfalten.

Über unser Rezept

Gänsebraten gilt zu Recht als Essen, das den Organismus stark belasten kann, weil es fett ist und lange Zeit im Magen bleibt. Mit einer Zugabe von Beifuß wird selbst dieses Gericht leichter verdaulich und ist besser bekömmlich.
Der kräftige Beifuß ist zudem eine passende Ergänzung für das Aroma der Gans.

Vorsicht!

Schwangere sollten auf Beifuß lieber verzichten, da er in höherer Dosierung abtreibend wirken kann. Auch bei Fieber sollte kein Beifuß gegessen werden.

Gänsebraten schmeckt nicht nur zu Weihnachten. Mit dem frischen Beifuß bekommt er ein würzig-ländliches Aroma.

Gänsebrust

Für 4 Personen

4 Gänsebrüstchen
2 TL Beifuß
Salz und Pfeffer
3/4 l Wasser
2 Hand voll klein geschnittenes Wurzelgemüse (Karotten, Sellerie, Kartoffeln, weiße oder rote Rüben)
Öl zum Anbraten
2 TL Tomatenmark

1 Die Gänsebrüste mit Beifuß, Salz und Pfeffer würzen und in einen flachen Bräter geben. Etwas Wasser hinzufügen. Im vorgeheizten Backofen zugedeckt bei 200 °C 50 bis 60 Minuten garen.

2 Nach dem Garen die Gänsebrüste aus dem Bräter nehmen, von den Knochen lösen und auf ein Blech legen. Das Fett abschöpfen und beiseite stellen.

3 Die Gänsebrüstchen bei 220 °C weitere fünf bis sechs Minuten braten, bis die Haut schön braun und knusprig ist.

4 Die zerkleinerten Knochen und das Wurzelgemüse in die Kasserolle geben und in etwas Gänsefett oder Öl anbraten, Tomatenmark zufügen und mit dem Gänsefond ablöschen, bis die Sauce dunkelbraun wird.

5 Die Sauce durch ein Sieb passieren, salzen und im Mixer aufschlagen. Anschließend nochmals erhitzen und auf die Teller geben.

6 Die Brüstchen tranchieren und auf der heißen Sauce servieren.

Kapuzinerkresse

Tropaeolum majus

Die Kapuzinerkresse war ursprünglich in Peru beheimatet, nach Europa gelangte sie im 16. Jahrhundert durch die Spanier. Wegen ihrer großen Heilwirkung und ihrer orangefarbenen oder gelben, trompetenförmigen Blüten ist sie in der ganzen Welt beliebt. Schon die alten Kräuterbücher lobten ihre Schönheit und hervorragende Heilwirkung. Die Kapuzinerkresse hat ihren deutschen Namen von ihrer Blütenform, die den Kapuzen der Kapuzinermönche ähnelte. Ihr botanischer Name dagegen leitet sich von dem griechischen Wort »tropaion« (Siegeszeichen) ab und bezieht sich auf die wie Schilde aussehenden Blätter und die darüber sitzenden helmähnlichen Blüten. Mit den »echten« Kressearten, der Garten- und Brunnenkresse, ist sie nicht verwandt. In Notzeiten wurden die Blütenknospen der Kapuzinerkresse auch als Kapernersatz verkauft.

Heilwirkung

Ätherisches Öl, ein hoher Gehalt an Vitamin C, Spuren von Schwefel – vor allem aber die in jüngster Zeit nachgewiesenen antibiotischen Substanzen machen die Heilkraft der Kapuzinerkresse aus. So hat die Wissenschaft auch in diesem Fall altes Wissen bestätigt, denn die Kapuzinerkresse galt von jeher als sehr gutes Antibiotikum und antibakterielles Mittel.

Inhaltsstoffe

- *Ätherisches Öl*
- *Schwefel*
- *Vitamin C*

- Sie wird bei Bronchitis, einfachen Infektionen der Harnwege und Entzündungen als kühlende Wundauflage eingesetzt.
- Ihr hoher Gehalt an Vitamin C stärkt das Immunsystem und hält Erkältungskrankheiten in Schach – früher wurde sie deshalb als Heilmittel gegen Skorbut als Zimmerpflanze gezogen.
- Ferner wirkt sie appetitanregend und fördert die Verdauung.

Anbau im Gewürzgarten

Diese sehr robuste Gartenpflanze wächst fast überall; am besten jedoch gedeiht sie in sonniger und windgeschützter Lage. Sie blüht von Juli bis Oktober in Gelb, Orange oder Rot. Die frostempfindliche Pflanze wird Anfang Mai im Abstand von 30 Zentimetern in Reihensaat ausgesät. In Blumentöpfe wird ab Mitte Mai bis Ende Juni ausgepflanzt. Die Keimdauer beträgt etwa zwei Wochen. Als schnell wachsende Pflanze ist die Kapuzinerkresse auch als Bodendecker, der das Unkraut in Schach hält, sehr beliebt.

Verarbeitung

Verwendung finden nur die frischen Blätter und Samenkapseln der Kapuzinerkresse. Anders als die Gartenkresse, die es fast überall frisch in kleinen Töpfchen zu kaufen gibt, wird die Kapuzinerkresse im Handel eher selten angeboten. In stark gesalzenem Essig eingelegt entwickelt die Kapuzinerkresse den Bocksgeschmack der Kapern.

Verwendung in der Küche

Da die Senföle der Kapuzinerkresse beim Erhitzen zerstört werden, findet sie ausschließlich auf kalten Speisen Verwendung. Die Blätter haben ein kresseähnliches Aroma und passen vorzüglich zu Butterbrot und Salat. Man verwendet sie auch gerne zum Garnieren von gekochten Eiern und von Salaten jeder Art. Die grünen, unreifen Früchte werden häufig als Kapernersatz verwendet.

Über unser Rezept

Auch die Ente hat einen kräftigen Eigengeschmack, der eine würzige Ergänzung sehr gut verträgt. Im nebenstehenden Rezept kombinieren wir Ente mit besonders aromatischen Gewürzen zu einer Terrine mit kräftig-ländlichem Geschmack. Die Dekoration mit Kresse gibt der Terrine ein farbenfrohes, leichtes, sommerliches Gesicht und fördert die Verdaulichkeit.

VORSICHT!

Die Kapuzinerkresse sollte nur sparsam verwendet werden – zu große Mengen können Magen- und Darmprobleme verursachen!

Die Blütenknospen und die jungen Früchte werden auch als »falsche Kapern« berzeichnet.

Entenleberterrine

Vorspeise für 4 Personen

2 fein gehackte Zwiebeln
1/8 l roter Portwein
1/8 l Madeira-Wein
750 g klein geschnittene Entenleber
1 gehackte Knoblauchzehe
1 Prise getrockneter Majoran
1 Prise getrockneter Thymian
fein gehackte Kapuzinerkresse
1 Msp geriebene Muskatnuss
5 Eier
750 g lauwarme, zerlassene Butter
Salz und schwarzer Pfeffer aus der Mühle
4–5 Scheiben Speck

1 Die Zwiebeln, den Portwein und den Madeira-Wein erhitzen. Bei starker Hitze auf die Hälfte einkochen und erkalten lassen.

2 Die Sauce in eine Schüssel geben und mit der Leber und den Gewürzen vermischen. Alles mit dem Stabmixer zerkleinern und nach und nach die Eier zugeben. Die Masse anschließend durch ein Haarsieb passieren.

3 Die Butter mit dem Schneebesen in die Entenlebermasse einrühren und alles mit Salz und Pfeffer abschmecken.

4 Die Terrinenform mit dem Speck auslegen und die Lebermasse hineingeben. Die Terrine ins 80 °C heiße Wasserbad stellen und im vorgeheizten Backofen bei 125 °C zugedeckt gut eine Stunde garen.

5 Die Terrine in Scheiben schneiden und mit Kapuzinerkresse garnieren. Dazu Baguette oder Partybrötchen servieren.

Kardamom

Elettaria cardamomum

In unseren Breiten ist Kardamom eher unbekannt, doch in Indien, vom Himalaya bis Sri Lanka, von China bis Persien und bis weit in die arabischen Länder ist Kardamom seit Jahrtausenden sehr beliebt. Der beste Kardamom kommt von der Malabarküste und wird auch »Malabarkardamom« oder »kleiner Kardamom« genannt. Das Gewürz wird aus dem Samen der »Elettaria cardamomum«, einer Schilfpflanze aus der Familie der Ingwergewächse, gewonnen, die ursprünglich aus Indien stammt, heute jedoch in vielen tropischen Ländern bis hin nach Mittelamerika angebaut wird. Nach Deutschland kam Kardamom im 13. Jahrhundert. Der berühmte Kräuterwissenschaftler Tabernaemontanus berichtet in seinem Kräuterbuch über die Kardamomen: »Sie werden aus Alexandria und aus den Orientalischen Ländern zu uns bracht, wachsen in India, sonderlich von Calecut an biß gen Cananor: Item in Malabar und Java, da sie es säyen, wie wir bey uns die Bonen und Erbsen.«

Heilwirkung

Bis zu acht Prozent der Pflanzensamen sind reines ätherisches Öl – kein Wunder, dass Kardamom ein »starkes« Gewürz ist!

- In Indien ist er ein Bestandteil des gewürzten Chai, der zum Essen getrunken wird. Er regt die Verdauung von Menschen jedes Typs an (also für Vata-, Pitta- und Kapha-Dominanz gleich gut geeignet).
- Kardamom wird wegen seiner leicht antibiotischen Wirkung auf Viren, Mikroben und Hautpilze geschätzt.
- Man nimmt ihn zur Förderung der Verdauung und als stoffwechsel- und kreislaufanregendes Mittel.
- Überdies gilt er als guter Schleimlöser und, außerdem soll Kardamom die Herztätigkeit anregen.

Inhaltsstoffe

- *Ätherisches Öl*

Anbau im Gewürzgarten

In Ländern mit passenden Böden und dem richtigen Klima wird der Kardamom in Plantagen kultiviert.
Zwischen dem dritten und dem siebten Jahr tragen die über vier Meter hohen, dem Schilfgras ähnlichen Pflanzen fast das ganze Jahr über Früchte. Die Samen werden vor allem zwischen Oktober und Dezember geerntet und von den Hauptanbaugebieten aus in die ganze Welt verschickt, wo sie traditionell das Weihnachtsbackwerk würzen.

Verarbeitung

Im Handel sind sowohl ganze als auch gemahlene Kardamomsamen. Guter Samen ist leicht klebrig und braunschwarz und hat einen kräftigen Geruch und Geschmack. Am aromatischsten sind die ganzen Samen; gemahlener Kardamom dagegen verliert schnell sein Aroma.

Vorsicht!

Wegen seiner anregenden Wirkung auf die Herztätigkeit sollten Menschen, die unter Bluthochdruck leiden, auf Kardamom verzichten. Bei Asthmatikern kann Kardamom Allergien hervorrufen.

Verwendung in der Küche

In der indischen Küche verfeinert Kardamom Currys und Pilaws. Aber auch in Nordeuropa, in Skandinavien, Norddeutschland und Russland wird er als Bestandteil vieler Liköre (Angostura, Curaçao, Chartreuse, Halb und Halb) und als Kuchen- und Backgewürz sehr geschätzt. Er würzt in Deutschland den berühmten Lebkuchen und in Schweden das beliebte Kardamombrot. Er passt zu Suppen, Saucen, Fleisch-, Geflügel- und Fischgerichten, Pasteten, Gemüse sowie zu Kompotten und Puddings. Eine ganz besondere und zudem äußerst erfrischende Delikatesse ist eisgekühlte Melone mit einem Hauch gemahlenen Kardamom. Bei den Arabern wird das milde Gewürz mit dem Anklang an Eukalyptus vor allem zum Aromatisieren von gemahlenem Kaffee verwendet.

Reisgericht mit Huhn

Für 4 Personen

1 Huhn
1 kg Naturreis
5 große Zwiebeln
3 Knoblauchzehen
1 Stück Ingwer (3 cm)
250 g Margarine
2 EL gemahlener Kardamom
2 EL Curry
Pfeffer und Salz
50 g Zucker
100 g Rosinen

1 Das Huhn vorbereiten: Die Innereien herausnehmen, das Huhn waschen und zerteilen. Anschließend die Haut sorgfältig entfernen. Das geht am besten mit einem sehr scharfen, flachen Messer.

2 Die Hühnchenstücke in gesalzenem Wasser gar kochen. Das Wasser nicht weggießen, sondern als Brühe zum Reiskochen verwenden.

3 Die Zwiebeln und den Knoblauch schälen und klein schneiden, den Ingwer raspeln.

4 Währenddessen das Fett in einem großen Topf erhitzen und die Zwiebeln darin glasig dünsten.

5 Knoblauch, Ingwer und den Rest der Gewürze sowie den Zucker dazugeben.

6 Die Hähnchenteile und den Reis mit Brühe dazugeben, aufkochen lassen und das Ganze fast gar kochen.

7 Zum Schluss die Rosinen hineinrühren und bei schwacher Hitze alles weitergaren, bis der Reis fertig ist.

Über unser Rezept

Die Kombination von Kardamom, Curry, Zwiebeln, Knoblauch und Ingwer gibt diesem Hühnchengericht ein unverwechselbar orientalisches Aroma und sorgt für eine wunderbare Verträglichkeit dieses Rezeptes, das sicherlich auch bald zu Ihren Lieblingsspeisen zählen wird!

Knoblauch

Allium sativum

Der Knoblauch stammt aus den weiten Steppen Zentralasiens. Von dort gelangte er über die alten Kulturen Vorderasiens und Ägyptens (wo er die Arbeiter beim Bau der Pyramiden vor Ruhr schützte) zusammen mit der Speisezwiebel nach Süd- und Mitteleuropa. Wo immer er auch angebaut wurde, rief er zwiespältige Reaktionen hervor. Vor allem im klassischen Altertum waren die Ansichten über die Pflanze aus der Familie der Zwiebelgewächse geteilt. Manche lobten ihn. Pythagoras hielt ihn sogar für den König der Gewürze. Andere fanden ihn wegen seines durchdringenden Duftes und Geschmacks ordinär. Horaz war er so verhasst, dass er die Liebenden vor seinem schlechten Geruch warnte. Heute jedoch hat Knoblauch die Küchen aller Länder erobert, und auch als Heilpflanze wird er sehr geschätzt.

Heilwirkung

Von alters her wird der Knoblauch als Heilpflanze geschätzt. Schon der römische Gelehrte Plinius empfahl Knoblaucharzneien, und der Talmud pries den Knoblauch als »fernwirkende Arznei«: »Gegen Zahnschmerzen«, so sagt Rabba, Raw Hunas Sohn, »nehme man eine einzelne Knoblauchzehe und zerrühre sie mit Öl und Salz, lege dies auf den Daumennagel auf derjenigen Seite, die einen schmerzt.«

- Heute wird er als Blutreinigungsmittel und als Mittel gegen die Verkalkung und Verengung der Gefäße eingesetzt. Er soll Herz-Kreislauferkrankungen, Herzinfarkt und Arteriosklerose vorbeugen.
- Es werden ihm desinfizierende und antibakterielle Wirkungen bei Entzündungen und Hautpilzen nachgesagt.
- Er soll Krebserkrankungen vorbeugen.

Inhaltsstoffe

- *Schwefelhaltige, ätherische Öle*
- *Mineralien*
- *Vitamin A, B1, C*

Anbau im Gewürzgarten

Knoblauch lässt sich völlig problemlos im Garten ziehen. Man benötigt dafür einige große Knoblauchzehen, ein sonniges Plätzchen und nährstoffreichen und tiefgrundigen Boden. Die ungeschälten Zehen werden etwa fünf Zentimeter tief und mit 15 Zentimeter Abstand in die Erde gesenkt. In nördlichen Regionen ist das Frühjahr die Pflanzzeit, im Süden hingegen muss man damit bis zum Herbst warten. Geerntet wird, wenn sich das lauchähnliche Grün verfärbt und zur Seite neigt.

Aufbewahrung

Die Knollen werden herausgezogen, getrocknet und eingelagert.

Verarbeitung

Auf dem Markt findet man zwei Knoblauchsorten: Der Knoblauch aus südlichen Ländern hat eine kleine Knolle mit dicht aneinanderliegenden, zartrosa eingefärbten Zehen. Aus nördlicheren Regionen stammt der weiße Knoblauch mit einer größeren Knolle und dicken Zehen. Guter Knoblauch ist fest, die Zehen dürfen nicht eingeschrumpft sein, und die papierartige Hülle darf nicht verfärbt sein. Der beste Knoblauch stammt aus warmen Ländern, vor allem aus der Provence und aus Italien. Im Handel sind außerdem Knoblauchgranulat und -salz sowie Knoblauchessig und -öl.

Vorsicht!

Knoblauch kann über die Muttermilch starke Blähungen beim Baby hervorrufen. Stillende Frauen sollten deshalb auf Knoblauch verzichten!

Verwendung in der Küche

Vor allem in der Küche Südeuropas, des Mittleren und des Fernen Ostens, Afrikas, Westindiens, Mexikos und Südamerikas ist der Knoblauch unentbehrlich. Man würzt mit ihm Fleisch, Fisch, Wild, Schalentiere und die meisten Gemüse und Salate. Man isst ihn roh, gibt ihn zerdrückt an scharfe Saucen, z.B. Aioli (Südfrankreich und Spanien) und Skordalia (Griechenland), oder verkocht ihn, wie für Sopa del ajo, zu einer würzigen Suppe. Ohne Knoblauch ist Lammfleisch nicht denkbar; Bouillabaisse, Fondue Bourguignonne, Pesto, Moussaka und Cevapcici kommen ohne ihn nicht aus. Dabei muss er nicht immer scharf sein, in geringen Mengen hat er nur Eigengeschmack, keine Schärfe.

In Russland und auf dem Balkan schwört man auf die zellerneuernde Wirkung der Knolle und isst sie gerne roh.

Unterschieden werden folgende Zubereitungsarten:

- Man kann ihn schälen und fein hacken.
- Einfach mit dem Messer zerquetschen.
- Sehr gut ist auch die Knoblauchpresse.
- Soll der Knoblauchgeschmack ganz fein sein, reibt man nur die Schüssel mit einer angeschnittenen Zehe aus oder auch nur den Boden der Pfanne.
- Manche kochen die ungeschälte Knoblauchzehe einfach mit.

Ganze Zehen aromatisieren Öl oder Essig. Als besondere Delikatesse gilt Knoblauchbutter auf geröstetem Weißbrot.

Griechischer Salat

Für 4 Personen

100 g griechischer Schafskäse
1 Eigelb
4 EL Essig
5 EL Metaxa (griechischer Branntwein)
2–3 Knoblauchzehen, fein gehackt
4 EL Olivenöl
Salz, Pfeffer, Zucker
1 Eissalat
1 Salatgurke, in Scheiben geschnitten
4 Tomaten, in Achtel geschnitten
4 hart gekochte Eier, in Achtel geschnitten

1 Den Schafskäse mit dem Eigelb, Essig, Metaxa, Knoblauch und Olivenöl gut vermengen und mit Salz, Pfeffer und etwas Zucker würzen.

2 Einen Salat aus dem Eissalat, der Gurke und den Tomaten anrichten, mit den Eiern garnieren und servieren.

Koriander

Coriandrum sativum

Koriander ist ein uraltes Gewürz, manche halten es für eines der ältesten Gewürze überhaupt. Bereits im Alten Testament wird die bis zu 60 Zentimeter hohe Pflanze erwähnt und mit dem Himmelsbrot Manna, das der Herr den Kindern Israels schickt, als sie in der Wüste zu verhungern drohen, verglichen: »Und es war wie Koriandersamen und weiß und hatte einen Geschmack wie Semmel mit Honig.« In Deutschland wird Koriander vor allem in Thüringen in großem Umfang angebaut, der größte Teil aber stammt aus Russland, Rumänien, Ungarn und Marokko.

Heilwirkung

Als heilkräftig gilt vor allem der Samen der Korianderpflanze. Am köstlichsten schmecken die Samen frisch gemahlen aus der Pfeffermühle (mitkochen).

- Von alters her als Wurmmittel geschätzt, wird er auch heute noch als Mittel gegen Mikroben eingesetzt.
- Er fördert die Verdauung, lindert Blähungen, Magen- und Darmkrämpfe.
- Zudem wirkt Koriander äußerst appetitanregend.

Inhaltsstoffe

- *Ätherisches Öl*
- *Bitterstoffe*
- *Gerbstoffe*

Doch nicht nur als Gewürz, auch zur Herstellung von Arzneien wird Koriander von alters her gebraucht. Nach Mitteleuropa kam die ursprünglich im Mittelmeerraum und Kleinasien beheimatete Pflanze durch die Römer. In der mittelalterlichen Kräuterapotheke war der Koriander als innerlich und äußerlich angewandtes Heilmittel für Dutzende von Krankheiten geschätzt, und Karl der Große empfahl den Anbau der Pflanze in seinem »Capitulare de villis«.

Anbau im Gewürzgarten

Koriander lässt sich sowohl im Gewürzgarten als auch im Balkonkasten ziehen. Er braucht ein sonniges, warmes Plätzchen und lockeren, kalkhaltigen Boden. Ausgesät wird im März und April in Reihen von 30 Zentimeter Abstand. Drei bis vier Monate später, im Juli oder August, können die noch nicht voll ausgereiften Körner geerntet werden. Dazu werden die Samenstände abgeschnitten, gebündelt und zum Trocknen an einem luftigen, trockenen Platz aufgehängt. Sobald die Körner reif sind, schüttelt man sie über einem Leinentuch ab und lässt sie trocknen. Will man die Blätter verwenden, sind Folgesaaten während des Sommers notwendig.

Verarbeitung

Koriander wird sowohl in ganzen Früchten (Samen) als auch gemahlen angeboten. Das frische Kraut gibt es meist nur in Asienläden. Wer Koriander häufiger verwenden will, sollte ihn deshalb selbst anbauen. Zum Trocknen eignet sich das Grün nicht, aber es kann tiefgefroren und in Salz und Öl konserviert werden. Ferner sind Koriandersamen Bestandteil vieler Mischgewürze und Hauptbestandteil von Curry.

Verwendung in der Küche

Beim Gebrauch muss man zwischen den grünen Blättern und dem reifen Samen der Pflanze unterscheiden. Während die Samen einen süßen, orangeähnlichen Duft verströmen, haben die Blätter einen deutlichen, für manche Menschen unangenehmen Geruch, der beim Kochen oder Trocknen verschwindet. Trotz des strengen Geruchs ist Koriander wohl das meistgebrauchte Küchenkraut der Welt. In Beirut wird es genauso verwendet wie in Indien, China und Japan, aber auch in Mexiko und Südamerika. Die frischen, gehackten Blätter würzen in Indien viele Curryarten und Chutneys und sind auch die Basis für ein sehr populäres Chutney. Die Samen hingegen sind auch in unserer Küche sehr beliebt. Man würzt mit ihnen Wurstwaren und alle Gerichte nach »griechischer Art«. Sie dienen als Saucenwürze, grob gemahlen verfeinern sie Schweinebraten, Lamm, Rind, Wild, Pasteten, aber auch Fischgerichte wie Aal und viele Kohlgerichte. Die ganzen Körner werden zum Einlegen von Rote Beete und Gurken, zum Würzen von Brot und Brötchen und für Wildbeizen und Zwetschgenmus verwendet.

Sehr gut harmoniert Koriander auch mit süßen Speisen wie Obstsalat, Obstkompott, Apfelmus und Weihnachtsgebäck – vor allem Lebkuchen, Printen und Spekulatius würzt er.

Indischer Gemüseeintopf

für 2 Personen

1 fein gehackte Zwiebel
500 g geschnittenes Mischgemüse (z. B. Kartoffeln, grüne Bohnen, Blumenkohl, Karotten)
4 EL Sonnenblumenöl
1 Zimtrinde
6 Nelken
2 große, schwarze Kardamomfrüchte
1 TL gemahlener schwarzer Kreuzkümmel
1 TL Salz
1 TL Koriander
1 TL Garam Masala
1 TL Kurkuma
1 TL Cayennepfeffer
500 g nichtklebriger, langkörniger Naturreis

1 Die Zwiebeln im Öl braten, bis sie hellbraun sind.

2 Die Gewürze hinzufügen und etwa eine Minute braten. Danach das Gemüse in die Pfanne geben und etwa vier bis fünf Minuten braten.

3 Den Reis sowie die restlichen Gewürze hinzufügen.

4 Das Ganze zum Kochen bringen, anschließend die Temperatur herunterschalten, bis durch den Reis Luftblasen hochkommen.

5 Anschließend den Eintopf bei geringer Hitze in etwa 15 Minuten fertig garen.

Tipp

Koriandergrün gibt man vor dem Servieren an die Speisen.

Majoran

Majorana hortensis, Origanum majorana

Majoran stammt aus dem östlichen Afrika und ist wild bis Indien verbreitet, wo er von alters her angebaut wird. Bei uns in Mitteleuropa ist der Majoran erst seit dem 16. Jahrhundert bekannt, doch zählt er heute zu den wichtigsten Küchenkräutern Europas. Majoran, so sagte der berühmte Botaniker und Leibarzt Kaiser Ferdinands I., P.A. Matthiolus, »ist gut dem Hirn / eröffnet die Verstopfung der Glieder / dienet wider den Tropffen und die fallende Sucht. Maioran macht wol harnen / wärmet den Magen / macht wol dauen / benimmt die Schwindsucht. In die Speiss gethan / macht es sie wol schmecken / und ist der zerschwollenen Miltz / getruncken / und darüber gelegt / also genossen sehr gesund.« Heute wird die Majoranpflanze fast überall in Europa angebaut. Haupterzeugerländer sind Deutschland, Ungarn, Frankreich, Österreich, Spanien und Ägypten.

Heilwirkung

Majoran wird von alters her sehr geschätzt. Die unauffällig blühende zarte Pflanze hat sich als guter Helfer gegen Mikroorganismen bewährt und wirkt desinfizierend.

- Er beugt Blähungen vor, verhindert Gärungserscheinungen im Darm und hilft bei Koliken und Durchfall.
- Wegen seines Kampfergehalts ist er auch bei Erkältungskrankheiten gut.

Inhaltsstoffe

- *Ätherisches Öl*
- *Gerbstoffe (v. a. Rosmarinsäure)*
- *Bitterstoffe*
- *Kalzium*

- Früher versetzte man viele Nasensalben mit Majoran, und auch als Schnupfenpulver gegen Heuschnupfen fand das Kraut Verwendung. Die Salbe gilt auch heute noch als verlässliches Mittel gegen Säuglingsschnupfen.
- Wenn Kinder Druck im Magen und Blähungen haben, empfiehlt Apotheker Pahlow eine Majoransalbe. Mit der Salbe den Bauch in der Nabelgegend einreiben.

Anbau im Gewürzgarten

In seiner Heimat und in den warmen Mittelmeerländern ist Majoran mehrjährig, bei uns kommt er wegen der kalten Winter fast nur einjährig vor. Die bis zu 50 Zentimeter hohe Pflanze wird im März ins Frühbeet oder im Zimmer in Töpfe gesät. Der Samen darf dabei nur dünn mit Erde bedeckt sein. Nach den letzten Frösten Ende Mai werden die Pflänzchen ins Freiland ausgepflanzt. Majoran braucht einen humusreichen Boden und viel Sonne; gepflanzt werden jeweils drei bis vier Pflanzen pro Pflanzstelle mit 20 Zentimeter Abstand. Geerntet wird der Majoran kurz vor oder während der Blüte Anfang Juli, wenn sein Aroma am stärksten ist. Die Stängel werden gebündelt und zum Trocknen an einem luftigen Ort aufbewahrt.

Aufbewahrung

Gut verschlossen aufbewahrt, hält er sich ein Jahr. Auch tiefgefroren verliert er nichts von seinem Aroma.

Verarbeitung

Majoran ist frisch und getrocknet im Handel. An Würzkraft steht der getrocknete Majoran dem frischen in nichts nach. Doch sollte nur gerebelter Majoran verwendet werden, gemahlen verliert das Kraut schnell an Aroma.

Verwendung in der Küche

Majoran ist eines der wichtigsten Kräutergewürze – so gut wie alle europäischen Küchen verwenden ihn, im Fernen Osten wird er dagegen weniger benutzt. Im Aroma und Geschmack erinnert er an Thymian; doch Majoran ist viel süßer und aromatischer.
Mit seinem würzig-aromatischen Geschmack ist Majoran das ideale Gewürz für alle deftigen Gerichte, die dadurch bekömmlicher werden.
Man nennt Majoran oft auch »Wurstkraut«, weil er fette Wurst, besonders Blut- und Leberwürste, geschmacklich verbessert. Man würzt mit ihm deftige Eintöpfe, Hülsenfruchtgerichte, Leberknödel, Suppen (vor allem Kartoffelsuppe), Lamm- und Schweineragout, Kohl und Pasteten.

- Da Majoran aufgrund seines starken Aromas leicht vorschmeckt, sollte man ihn vorsichtig verwenden.
- Sehr gut verträgt sich Majoran mit Zwiebeln, Knoblauch, Pfeffer, Thymian, Salbei und Rosmarin; mit Oregano dagegen sollte man ihn nicht mischen.
- Frischen Majoran gibt man fein gehackt erst nach dem Garen an die Speisen.

Tipp

Wegen seines delikaten Aromas sollte man ihn erst gegen Ende der Garzeit hinzufügen.

Majoranfleisch

Für 4 Personen

500 g Champignons
1 Bund frischer Majoran
1 Zwiebel
50 g Butter oder Margarine
600–800 g Schweinefilet
Salz und schwarzer Pfeffer aus der Mühle
175 g Crème fraîche oder saure Sahne
2 EL Schlagsahne

1. Die Champignons putzen, waschen und in feine Scheiben schneiden.
2. Den Majoran waschen, trockentupfen und fein hacken. Die Zwiebel schälen, fein hacken und in einer großen Pfanne goldgelb dünsten.
3. Nun die Champignons und zwei Teelöffel Majoran zufügen, das Ganze fünf bis zehn Minuten dünsten.
4. Währenddessen das Schweinefilet waschen, trockentupfen und in dünne Scheiben schneiden.
5. Das Fleisch beidseitig in einer separaten Pfanne braten, bis es braun wird, zu den Pilzen geben und mit Salz und Pfeffer abschmecken.
6. Crème fraîche und die Sahne sowie den restlichen Majoran verrühren und zum Fleisch geben. Das Ganze nochmals gut erwärmen – aber nicht mehr kochen! Mit frischen Röstkartoffeln servieren.

Meerrettich

Armoracia rusticana

Die Pflanze mit der dicken, langen Wurzel ist in Osteuropa heimisch, wächst heute jedoch überall in West- und Nordeuropa. Nach Deutschland gelangte der Meerrettich um das Jahr 1000. Karl der Große nannte ihn in seiner Küchenordnung, und auch Hildegard von Bingen erwähnte ihn. Tabernaemontanus schrieb über die wohltuende Wirkung des Meerrettichwassers: »Dis Wasser kann zu allen Gebrechen gebrauchet werden / treibt den Harn und den Stein gewaltiger / und zertheilt allen großen Schleim der Phlegmata ...« Nur den Griechen und später auch im Alten Rom scheint der Meerrettich unbekannt gewesen zu sein. Unklarheit herrscht über den Namen der Pflanze. Doch hat er nichts mit dem »Meer« zu tun, sondern wird von »Mähre« (Pferd) abgeleitet und sollte deswegen eigentlich »Pferderettich« (wie im Englischen – horseradish) oder »Mährrettich« heißen. Die Bezeichnung »Kren« dürfte slawischen Ursprungs sein und hat sich vor allem in Österreich eingebürgert. In Deutschland wird Meerrettich in großem Umfang in Franken (Bamberg, Nürnberg) und im Spreewald angebaut.

Heilwirkung

Seit jeher wird der Meerrettich als Heilpflanze geschätzt. Schon im 16. Jahrhunderts rühmte man seine Wirkung bei Wassersucht, Leber- und Galleleiden und Dickdarmentzündung.

- Heute wird die Wurzel vor allem ihrer antibiotischen Wirkung wegen geschätzt – man nennt sie sogar das »deutsche Penizillin« und setzt sie bei Infektionen der Harnwege, bei Bronchialkatarr, Atembeschwerden und Darminfektionen ein.
- Ferner fördert Meerrettich die Verdauung und regt den Appetit an.
- Meerrettich hat eine stärkende Wirkung auf Herz, Kreislauf und Immunsystem.

Inhaltsstoffe

- *Ätherisches Öl*
- *Senföl*
- *Vitamin C und B1*
- *Kalium*

Sammeln in der freien Natur
Meerrettich im Garten anzubauen ist sehr aufwändig. Außerdem ist er in allen Monaten, die auf »r« enden, frisch als Wurzel im Handel. Auch wild wachsend an Wegen, Bach- und Flussufern und Schuttplätzen findet man ihn oft.

Aufbewahrung
Die Wurzeln werden im Herbst ausgegraben und in einer Kiste mit feuchtem Sand gelagert.

Verarbeitung
Neben frischem Meerrettich wird geriebener Meerrettich, konserviert in Gläsern und Tuben, im Lebensmittelhandel angeboten. Man bekommt ihn auch als Pulver, das nur mit Wasser angerührt werden braucht.
Mit frischem Meerrettich sind die Fertigprodukte jedoch nicht zu vergleichen. Den frischen Meerrettich reinigt man von der anhaftenden Erde, reibt, raspelt oder schneidet ihn ganz fein mit einem scharfen Messer. Anschließend beträufelt man ihn sofort mit frischem Zitronensaft, damit er nicht braun wird.
- Einmal gerieben sollte er möglichst bald verbraucht werden.

Verwendung in der Küche
In Deutschland und Österreich, aber auch in England, Skandinavien und Nordfrankreich wird Meerrettich gerne verzehrt.
- Man verwendet ihn frisch gerieben als scharfes Gewürz zu Würsten, Fleisch und Fisch und bereitet mit ihm pikant-würzige Saucen.
- Vermischt mit frisch geriebenem Apfel serviert man ihn als Beilage zu Fisch.
- Mit Majonäse verquirlt schmeckt er gut zu Fisch und Geflügelsalat, Tomaten oder hart gekochten Eiern.
- Sehr beliebt ist auch der Sahnemeerrettich als Beigabe zu gekochtem Fisch und Lachs.

In England serviert man ihn zu Roastbeef, in Deutschland zu gekochtem Rindfleisch, vor allem zum berühmten Tafelspitz.
Gekocht verliert der Meerrettich sein Aroma, doch kurz mitgekocht verfeinert er Spinat und Wirsing, Kartoffelsuppe und so manche helle Sauce.

Tipp

Frischer Meerrettich wird vor dem Reiben nicht geschält, sondern gebürstet und abgewaschen.

Über unser Rezept
Der frische, scharfe Geschmack des Meerrettich verleiht den mit einer Ei-Käse-Sauce überbackenen Kalbsmedaillons das gewisse »Etwas« und sorgt für die gute Bekömmlichkeit dieses Gerichts. Mit dem Meerrettich wird dieses raffinierte Essen auch bei Gästen mit empfindlicherem Magen gut ankommen.

Meerrettich-Kalbsmedaillons

Für 4 Personen

3 Eigelb
4 EL süße Sahne
2 EL Meerrettich
100 g mittelalter Gouda
1 EL Sojasauce
Salz, Pfeffer
8 Kalbsmedaillons
1 EL Öl
1 EL Butter
½ Tasse Fleischbrühe

1 In einer Schüssel Eigelb, Sahne, Meerrettich und den frisch geriebenen Käse vermengen. Mit Sojasauce, Salz und Pfeffer gut abschmecken.

2 Währenddessen die Kalbsmedaillons auf jeder Seite mit dem Pfeffer einreiben, im heißen Butter-Öl-Gemisch auf jeder Seite drei Minuten braten.

3 Wenn die Kalbsmedaillons gar und mürbe sind, legen Sie die Fleischstücke in eine Auflaufform und bestreichen sie mit der vorbereiteten Masse – bitte die Medaillons nicht einstechen, sonst läuft der Saft heraus.

4 Den Fond in der Pfanne löschen Sie mit der Fleischbrühe ab und verrühren Fond und Flüssigkeit zu einer Sauce. Die Pfanne von der Platte nehmen. Sie bestreichen die Medaillons mit der vorbereiteten Käsemasse und gießen den Fond an der Seite dazu.

5 Unter dem Grill acht bis zehn Minuten überbacken. Mit Petersilienkartoffeln servieren.

Oregano, Dost

Origanum vulgare

Oregano (oder Dost) ist eine typische Pflanze des Mittelmeerraums und wächst bevorzugt in trockenen, warmen Macchien und Felsenheiden. Sie wird aber auch angebaut. Botanisch gesehen gehört die mehrjährige, bis zu 50 Zentimeter hohe Pflanze zu den Lippenblütlern und ist eng mit dem Majoran verwandt – deswegen auch der Name »Wilder Majoran«. Ihre Würzkraft ist jedoch kräftiger und würziger als beim Majoran. Wichtigste Oreganoländer sind Italien, Mexiko und die USA. Oregano ist außerdem Bestandteil des mexikanischen Chilipulvers und der Chilibohnen.
Der Dost, der in unseren Breitengraden wächst, hat dagegen nur geringe Würzkraft und taugt nicht viel als Gewürz. Man findet ihn in Süddeutschland und Österreich an steinigen Hängen und Wegböschungen.

Heilwirkung

Ätherisches Öl sowie die Gerb- und Bitterstoffe des Dost sorgen dafür, dass ein Tee aus dieser halbhohen Staude ein seit Jahrhunderten bewährtes Mittel bei Problemen in Magen- und Darmtrakt ist.

- Dost wird von alters her bei Verdauungsstörungen und Blähungen eingesetzt.
- Man verwendet ihn zum Kurieren von Husten, Katarren, Keuchhusten, Asthma und von krampfartigen Magen- und Darmbeschwerden.
- Überdies ist er ein sehr gutes antibakterielles Mittel gegen viele Arten von Mikroorganismen.
- Dost wirkt desinfizierend in den Verdauungsorganen und regt gleichzeitig die Verdauung an, sodass Magen und Darm auf sanfte und natürliche Art und Weise gereinigt und entleert werden.

Inhaltsstoffe

- *Ätherisches Öl*
- *Bitterstoffe*
- *Gerbstoffe*

Anbau im Gewürzgarten

Dost kann problemlos im Gewürzgarten oder im Blumenkasten an einem trockenen, sonnigen Plätzchen gezogen werden. Ausgesät wird im März ins Frühbeet oder in einen Kasten; im Mai werden die Pflänzchen dann ins Freiland ausgepflanzt. Geerntet wird zur Blütezeit (Juni bis August) das ganze Kraut. Es wird gebündelt und an einem trockenen, luftigen Ort zum Trocknen aufgehängt. Die jungen Triebspitzen können auch frisch verwendet werden. An den südländischen Oregano reicht der selbst gezogene Dost allerdings nicht heran.

Verarbeitung

Für gewöhnlich wird Oregano nur getrocknet angeboten. Der beste Oregano kommt aus Italien. Gerebelter Oregano hält sich luftdicht verschlossen bis zu einem Jahr. Pulverisiert hingegen verliert er schnell an Aroma.

Verwendung in der Küche

Oregano ist ein typisches Gewürz der ganzen Mittelmeerküche, vor allem der italienischen. Getrockneter Oregano passt besonders gut zu Tomaten und ist die traditionelle Würze für Pizza und griechische Salate. Man kann aber auch Braten, Geflügel, Lamm, Hackfleisch, Fisch, Gemüse, Hülsenfrüchte sowie Bohnen-, Kartoffel- und Fleischeintöpfe damit verfeinern. Oregano harmoniert sehr gut mit Thymian, Rosmarin und Basilikum, aber auch mit Knoblauch, Zwiebeln, Schnittlauch und Petersilie.

Über unser Rezept

Südlich angehaucht ist unser Tomatensuppenrezept. Die Oliven, der Oregano und die Knoblauchzehen bringen mediterranes Flair auf den Teller, und der Oregano schmeckt in dieser Suppe so eindeutig vor, dass man glaubt, im Urlaub zu sein. Übrigens kann man diese Suppe auch einige Stunden in den Kühlschrank stellen. An einem heißen Sommerabend mit Weißbrot als leichtes Abendessen serviert, erfrischt sie den ganzen Organismus und belastet den Magen nicht.

Tipp

15 Minuten vor Ende der Kochzeit an die Gerichte gegeben, entfaltet er sein Aroma am besten.

Bei hartnäckig verstopfter Nase können Sie einmal eine Oregano-Inhalation versuchen. Achtung: Allergiegefahr.

Oregano-Suppe

Für 4 Personen

1 Tomate
2 Scheiben Brot
4 Knoblauchzehen
½ Tasse Olivenöl
1 Bund frischer Oregano
1 Prise Paprikapulver
Salz

1. Die Tomate für einige Sekunden in kochend heißes Wasser legen, die Haut einritzen und abziehen. Die so vorbereitete Tomate halbieren, den grünen Stielansatz entfernen und die Tomatenhälften klein schneiden.

2. Das Brot in kleine Würfel schneiden.

3. Die Knoblauchzehen schälen und fein hacken. Anschließend das Öl in einem dickwandigen Topf erhitzen und den Knoblauch leicht anbraten.

4. Zuerst die Tomate zufügen und anbraten. Dann auch die Brotwürfel dazugeben und kurz mitbraten.

5. Anschließend 4–5 Tassen Wasser zugeben. Die Hitze jetzt reduzieren und die Suppe auf niedriger Flamme weiterköcheln lassen, bis sie sämig und dickflüssig geworden ist.

6. Den gewaschenen Oregano fein hacken und dazugeben. Mit einer Prise Paprikapulver und Salz abschmecken.

7. Noch einmal kurz aufkochen und dann servieren.

Salbei

Salvia officinalis

Von alters her wird der Salbei als Heil- und Gewürzpflanze geschätzt. Schon die alten Römer und Griechen sagten ihm außergewöhnliche Heilkräfte nach: »Cur moriatur homo, cui salvia crescit in horto? – Warum soll der Mensch sterben, dem Salbei im Garten wächst?«, hieß es in den Lehrsätzen der berühmten Medizinschule von Salerno. Zu uns kam der Salbei durch die Benediktiner und die römischen Soldaten. Kräuterkundige lobten seine Heilkraft über alle Maßen. Salbei hatte den Ruf, Koliken zu lindern, Verstopfung, Blutungen, Jucken, Krätze, Gicht, Fallsucht, Halsentzündung, Lähmungen und Tobsucht sowie Pest und Cholera zu heilen. Überdies galt er als vorzügliches Küchenkraut. Salbei wächst wild, wird aber auch angebaut. Der feinste Salbei kommt aus Jugoslawien, wo er von alters her heimisch ist. Weitere Anbaugebiete sind Griechenland, Kreta, Italien, Südengland und Spanien.

Heilwirkung

Salbei ist eine Pflanzenfamilie mit über 200 verschiedenen Arten. Die für Heilzwecke gebräuchlichste Art ist »Salvia officinalis«, die sich auch bei uns gut anbauen lässt. Die stärkste Heilwirkung hat das ätherische Öl ihrer Blätter. Salbeiöl ist ein äußerst komplexes Öl, das über 200 verschiedene Grundbestandteile enthält.

Inhaltsstoffe

- *Ätherisches Öl*
- *Gerbstoffe*
- *Bitterstoffe*
- *Flavonoide*

- Salbeiöl reguliert den Hormonhaushalt. Es hat daher auch eine antidepressive Wirkung und kann sowohl bei Hitzewallungen als auch bei Menstruationsbeschwerden helfen.
- Salbei ist gut für reife Haut.
- Seine beruhigende und blutdrucksenkende Wirkung macht Salbei auch zu einem natürlichen Helfer bei Migräne.

Anbau im Gewürzgarten

Von den vielen verschiedenen Salbeiarten sollte man nur die arzneilich verwendete *Salvia officinalis* benutzen. Salbei ist mehrjährig und liebt kalkhaltigen Boden in sonniger, windgeschützter Lage. Am einfachsten ist die Vermehrung durch Stockteilung. Man kann auch Samen aussäen, muss dann aber ein Jahr warten, weil die Pflanze erst im zweiten Jahr ihr volles Aroma erreicht. Ausgesät wird im April ins Frühbeet oder in Töpfe auf der Fensterbank. Ende Mai werden die Pflänzchen ins Freiland ausgepflanzt. Im Winter wird der Strauch zurückgeschnitten. Da der Strauch mit der Zeit holzig wird, zieht man besser alle paar Jahre neue Ableger. Wie bei vielen Lippenblütlern entwickelt sich das beste Aroma kurz vor der Blüte (Juni bis August). Die Blätter können getrocknet werden, doch tiefgefroren schmecken sie besser.

VORSICHT!

Schwangere Frauen sollte auf Salbei verzichten, da Salbei als geburtserleichterndes Mittel gilt und Krämpfe hervorrufen kann.

Verwendung in der Küche

Traditionell verwendet man Salbei, um fette Speisen bekömmlicher zu machen. Man würzt mit ihm gebratene Leber, Aal und Hering, Geflügel, Lamm und Hackfleisch, aber auch Kalbfleisch wie im italienischen Saltimbocca (dafür werden dünne Scheiben von Kalbfleisch mit Schinken und Salbeiblättern zusammengerollt, in Butter gebraten und mit Marsala abgeschmeckt). Als stark vorschmeckendes Gewürz darf man Salbei nur sparsam verwenden. Je nach Saison nimmt man die frischen oder die getrockneten Blätter und Zweigspitzen. In Fett mitgebraten, kommt sein Aroma am besten zur Geltung. In kleinen Mengen passt Salbei auch zu Salatsaucen, Quark, Frischkäse, Teigwaren, Bratkartoffeln, Eintöpfen, Omeletts und Gemüsegerichten.

TIPP

Achten Sie darauf, dass es sich bei der getrockneten Ware ausschließlich um Salvia officinalis handelt und keine minderwertige Arten wie der griechische Salvia triloba oder der spanische Salvia lavandulifolia darunter gemischt sind.

Marinierter Aal mit Salbei

Für 4 Personen

Für die Marinade:

100 ml Sojasauce
100 ml süßer Sherry
1 TL fein geriebener Ingwer
1 EL Sesamöl
½ TL Shichimi togarashi (japanische Gewürzmischung)
Saft einer halben Limone
2 Aale, jeweils etwa 600 g, ausgenommen und gehäutet
1 Hand voll frische Salbeiblätter
3 EL Sonnenblumenöl
Salatblätter zum Garnieren

1 Die Zutaten für die Marinade bei geringer Hitze etwa zehn Minuten köcheln und dann abkühlen lassen.

2 Währenddessen den Aal in Stücke von etwa sechs Zentimetern schneiden. Die Stücke in eine flache Schale oder einen kleinen Plastikbeutel legen, mit der Marinade übergießen und mindestens zwei Stunden im Kühlschrank marinieren lassen.

3 Danach den Aal trockentupfen, mit den Salbeiblättern umwickeln und die Blätter mit Küchengarn festbinden.

4 Die Aalstücke in einer großen Pfanne in heißem Öl langsam braten, wobei das eigene Fett herausbraten soll, oder auf dem Grill knusprig werden lassen. Dabei immer wieder mit der restlichen Marinade einpinseln. Die Stücke zum Schluss aus der Pfanne nehmen und mit Küchenpapier trockentupfen.

5 Die Aalstücke als Vorspeise auf Salatblättern angerichtet servieren.

Zimt

Cinnamomum zeylanicum · Cinnamomum cassia

Es gibt viele verschiedene Zimtarten, doch es genügt, die beiden wichtigsten zu kennen: den Ceylonzimt (auch Ceylonkaneel) und die Kassia (auch Chinazimt). Ceylonzimt ist delikater als Kassia und nicht so scharfwürzig, er ist aber auch teurer. Zimt wie Kassia stammen beide von kleinen, immergrünen Bäumen aus der Familie der Lorbeergewächse. Doch während der Zimtbaum in Sri Lanka (früher Ceylon) heimisch ist, stammt der Kassiabaum ursprünglich aus Burma. Als Gewürz dient die Innenrinde von den dünnen Zweigen des Zimt- oder Kassiabaumes. Man lässt sie zuerst im Schatten und dann in der Sonne trocknen, damit sie sich zu so genannten »Quills« aufrollen. Diese Quills ergeben die mattbraun schimmernden, köstlich duftenden Zimtstangen. Sowohl Kassia als auch Zimt gehört zu den ältesten Gewürzen der Welt.

Heilwirkung

Nur wenige Bäume führen Wirk- oder Würzstoffe in ihrer Rinde wie der Zimtbaum. Die Zimtrinde für den Gebrauch wird in einem natürlichen Verfahren gewonnen und enthält ätherisches Öl mit Zimtaldehyd und Eugenol sowie Gerbstoff. Zimt gehört zu den Heilsubstanzen, denen die Wissenschaft eindeutige Wirksamkeit zuweisen konnte.

Inhaltsstoffe

- *Ätherisches Öl*
- *Gerbstoffe*
- *Pflanzenschleime*

- Zimt lindert demnach Magen- und Darmprobleme wie Völlegefühl, Blähungen – und er regt den Appetit an.
- Magenbeschwerden, die durch eine ungenügende Produktion von Magensaft verursacht werden, reagieren ebenfalls sehr gut auf Zimt.
- Zimt wirkt antibiotisch und antibakteriell. Er hemmt das Wachstum von Bakterien und Pilzen.

Verarbeitung

Bei uns ist sowohl der feine Ceylonzimt als auch die Kassia im Handel. Ceylonzimt riecht angenehm aromatisch und schmeckt brennend würzig und etwas süßlich. Kassia hingegen ist schärfer, beißt auf der Zunge und passt besser zu würzigen Speisen.

Kassia gibt es als Pulver und als Zimtstange, der delikatere Ceylonzimt ist meist nur als Stange im Handel und wird unter dem Namen »Ceylonkaneel« geführt; die minderwertigere Kassia dagegen heißt schlicht »Zimtstange«.

VORSICHT!

Zimt ist ein sehr individuelles Gewürz, das sich mit frischen oder getrockneten Kräutern schlecht verträgt.

Aufbewahrung

Dunkel und trocken gelagert behalten Zimtstangen drei Jahre ihr Aroma. Das Aroma von Zimtpulver hält sich lange, wenn es richtig gelagert wird. Füllen Sie das Pulver rasch in ein lichtundurchlässiges Gefäß und heben Sie auch den Rest nicht auf dem Küchenbrett auf.

Gut bewährt hat es sich auch, die angebrochenen Packungen mit Tesafilm zu verschließen und sie in einer Blechdose zur verwahren.

Zimt in der Küche

Bei uns kennt man Zimt vor allem als Zutat für Süßspeisen und warme Getränke wie Punsch und Glühwein.

Er ist das klassische Gewürz für Kompotte, Apfelmus, Milchreis, Quarkspeisen, Aufläufe, Obstsalat, Pudding, Flammeris, aber auch für Weihnachtsgebäck (Zimtsterne, Gewürzkuchen und Lebkuchen).

Im Orient hingegen wird er eher als Zutat für würzige Speisen verwendet. In Indien ist Zimt eine wichtige Zutat zu Currys, Pilaws, Biryanis und Kormas. Im Nahen Osten würzt er viele Fleischfüllungen, doch auch zu Hammelfleisch passt er ausgesprochen gut.

TIPP

Stangenzimt würzt sehr intensiv, sollte daher nicht zu lange mitgekocht werden und nach dem Kochen aus der Speise entfernt werden. Sehr gut verträgt sich Zimt mit Nelke, Muskat, Vanille oder Koriander.

Zimt entstammt nicht wie die meisten anderen Gewürze Pflanzenblättern, -samen, -früchten oder -wurzeln – eine Baumrinde ist hier das Gewürz.

Baklava

Für 4 Personen

500 g grob gehackte Walnüsse
100 g Zucker
100 g Paniermehl
1 TL Zimt
1 Msp gemahlene Nelken
500 g Blätterteig (Tiefkühlfach)
250 g geschmolzene Butter
Für den Sirup:
300 g Zucker, 200 g Honig
0,4 l Wasser
1 Stange Zimt, 5–6 Nelken

1 Die Nüsse mit Zucker, Paniermehl, Zimt und Nelken mischen.

2 Den Blätterteig dünn ausrollen und in fünf gleich große Teile teilen. Eine gebutterte rechteckige, feuerfeste Form (30 x 20 cm) mit einer Lage Teig auslegen und mit der flüssigen Butter bestreichen.

3 Die Lage Teig mit der Hälfte der Nussmischung bestreuen, eine Lage Teig darüber legen, mit flüssiger Butter bestreichen und den Rest der Mischung verteilen.

4 Die letzte Schicht besteht aus drei, jeweils mit Butter bestrichenen Lagen Teig. Zum Schluss die Oberfläche mit Butter beträufeln, den Teig in Rauten schneiden und Wasser darüber sprenkeln. Bei 150 °C im Backofen backen, bis der Blätterteig goldgelb ist.

5 Aus dem Zucker, dem Honig, dem Wasser und den Gewürzen einen Sirup bereiten und etwa zehn Minuten kochen lassen. Den noch heißen Sirup über das gebackene Baklava gießen. Das Ganze einige Stunden gut durchziehen lassen.

Zwiebel

Allium cepa

Die Zwiebel ist ein uraltes Würzgemüse, das schon seit Tausenden von Jahren angebaut wird. Man vermutet, dass sie aus Zentralasien stammt, ganz sicher ist das allerdings nicht, weil man durch den Anbau über viele tausend Jahre die Wildpflanze aus den Augen verloren hat. Entweder ist sie ausgestorben, oder sie hat sich durch die Kultivierung so verändert, dass man sie nicht mehr wieder erkennen konnte. Man unterscheidet zwei Zwiebelarten: die einfachen Zwiebeln (Sommerzwiebel, Winterzwiebel, Porree) und die zusammengesetzten Zwiebeln (Schalotten, Perlzwiebeln, Schnittlauch und Knoblauch). Die Winterzwiebel wird im Gegensatz zur Sommerzwiebel im Frühjahr geerntet. Die Sommerzwiebel ist die wichtigere von beiden, sie wird im Herbst geerntet und kommt in zahlreichen Formen und Farben vor. Milder und feiner als die Sommer- und Winterzwiebel schmeckt die Schalotte (man verwendet sie deswegen oft im Salat), die Perlzwiebel hingegen schmeckt angenehm würzig und wird für Mixed Pickles, Gemüsekonserven und Marinaden verwendet.

Heilwirkung

Bereits die Assyrer, die Babylonier, die Ägypter und die Römer kannten sie und verwendeten sie reichlich; nach Deutschland kam sie vermutlich erst um die Zeitenwende, wurde dann aber rasch eines der wichtigsten Gemüse. Die Zwiebel wirkt ähnlich wie der Knoblauch:

- Sie ist ein ausgezeichnetes Antiseptikum für Magen und Darm. Die Zwiebel fördert die Verdauung und regt außerdem den Appetit an.
- Überdies senkt sie den Blutdruck, verbessert die Fließfähigkeit des Blutes und fördert die Durchblutung und beugt somit der Arteriosklerose vor.

Inhaltsstoffe

- *Ätherisches Öl (mit Schwefel)*
- *Mineralstoffe*
- *Vitamine*
- *Zucker*

Anbau im Gewürzgarten

Zwiebeln können problemlos im Garten angebaut werden. Sie brauchen einen nährstoffreichen, kalkhaltigen Lehmboden, ein sonniges Plätzchen und bei heißem Wetter viel Wasser. Man kann entweder Samen aussäen (im März durch Reihensaat) oder, was zweckmäßiger ist, Steckzwiebeln setzen. Steckzwiebeln und Schalotten werden im April, Perl- und Frühlingszwiebeln im August gesetzt. Die Zwiebeln sind ausgereift, wenn sich das Laub verfärbt und vertrocknet.

Aufbewahrung

Man gräbt sie aus, trocknet sie an der Luft und lagert sie kühl und trocken ein.

> **TIPP**
>
> *Zwiebeln nicht zu lange aufbewahren, sonst keimen sie und werden scharf und bitter.*

Verarbeitung

Neben den frischen Zwiebeln sind eine ganze Reihe von Fertigpräparaten im Handel: Es gibt sie getrocknet, in Pulverform (Zwiebelpulver), gemischt mit Salz (Zwiebelsalz), geschnitten, gehackt und geröstet (Zwiebelflocken).

Zwiebeln in der Küche

Als typisches Universalgewürz passt die Zwiebel überall hin (außer zu Süßem). Man würzt mit ihr roh, gedünstet, gebraten, in Scheiben, Ringen oder fein gehackt die unterschiedlichsten Gerichte. Sie verfeinert Salate, Quark, Saucen, Eintöpfe, Bratkartoffeln, Braten und Fleischgerichte, aber auch zahlreiche Spezialitäten.

> **TIPP**
>
> *Sind die Zwiebeln einmal angeschnitten, müssen sie bald verbraucht werden, sonst werden sie schal.*

Gefüllte Zwiebeln

Für 4 Personen

4 Zwiebeln
70 g Butter
200 g gehackte Champignons
50 g frische Semmelbrösel (eingeweicht in 2 EL Sahne)
2 EL fein gehackte Petersilie
1 Prise Thymian
Salz und frisch gemahlener schwarzer Pfeffer
100 ml Gemüsebrühe
4 EL trockener Weißwein
2 EL fein gehackter Schnittlauch

1 Von den Zwiebeln am Wurzelansatz eine dünne Scheibe abschneiden, damit sie stehen können.

2 Die Zwiebeln aushöhlen, vom Zwiebelfleisch 150 Gramm klein hacken und beiseite stellen.

3 Die ausgehöhlten Zwiebeln fünf Minuten in einem Topf mit kochendem Wasser blanchieren und umgedreht auf einem Drahtgitter abtropfen lassen.

4 In einer Pfanne die Hälfte der Butter zerlassen und das gehackte Zwiebelfleisch goldbraun dünsten. Die Champignons hinzugeben und braten, bis sie fast gar sind.

5 Die Semmelbrösel etwas ausdrücken, dazugeben und unter ständigem Rühren fünf Minuten simmern lassen. Mit Petersilie, Thymian, Salz und Pfeffer abschmecken.

6 Etwas Salz und Pfeffer in die ausgehöhlten Zwiebeln streuen und mit der Pilz-Semmelbrösel-Mischung füllen.

7 Die Zwiebeln in eine eingefettete, feuerfeste Form stellen. Gemüsebrühe und Wein zugießen. Die restliche Butter auf die Zwiebeln geben.

8 Die Flüssigkeit in der Form auf der Herdplatte zum Kochen bringen, dann in den vorgeheizten Backofen stellen und bei 180 °C 50 Minuten garen, dabei zwei- bis dreimal mit der Flüssigkeit beschöpfen.

9 Die Zwiebeln aus der Form nehmen und in eine vorgewärmte Schüssel stellen. Die Flüssigkeit auf die Hälfte einkochen, über die Zwiebeln gießen und mit dem Schnittlauch garnieren. Mit Reisgemüse servieren.

Natürliche Hilfen bei Verdauungsproblemen und Blähungen

Verdauungsprobleme entstehen in erster Linie durch falsches Essen und dadurch, dass wir das Falsche essen. Außer in der professionellen Diätküche achten Köchinnen und Köche leider selten auf die besondere Bekömmlichkeit der Speisen. Wie Sie Küchenkräuter und Gewürze so einsetzen, dass viele Verdauungsprobleme gar nicht erst entstehen, erfahren Sie in diesem Kapitel.

Bockshornklee

Trigonella foenum-graecum

Bockshornklee ist im östlichen Mittelmeerraum und in Indien zu Hause, wird aber schon seit Tausenden von Jahren in Europa, Afrika und Asien angebaut und kommt auch wild vor. Die Pflanze wird 60 Zentimeter hoch, gehört zur Familie der Erbsen und Bohnen, hat luzerneähnliche Blüten und blüht gelblich weiß. In der deutschen Küche wird Bockshornklee nur selten benutzt, dagegen ist er in den Mittelmeerländern, etwa in Griechenland und Ägypten, vor allem aber auch in Indien sehr beliebt. In Indien ist er in den meisten Currymischungen enthalten. In der Volksmedizin wird der Bockshornklee von alters her geschätzt. Beispielsweise galten die Samen in China, Indien, in Griechenland und bei den Römern als erweichendes und auflösendes Schleimmittel, und die heilige Hildegard von Bingen empfahl ihn als Heilmittel gegen Hautkrankheiten.

Heilwirkung

Dass Bockshornklee tatsächlich den Cholesterinspiegel senkt, antibakteriell wirksam ist und das Herz stärkt, ist bisher wissenschaftlich nicht erwiesen. In der Volksmedizin wird der Bockshornklee wegen seiner appetitanregenden und kräftigenden Wirkung geschätzt und als aufbauendes Mittel bei Appetitlosigkeit und Abmagerung verabreicht.

Inhaltsstoffe

- *Ätherisches Öl*
- *Schleimstoffe*
- *Bitterstoffe*
- *Saponine*
- *Proteine*
- *Fettes Öl*

- Zur Kräftigung bei allen Krankheiten, die mit Appetitlosigkeit und Abmagerung einhergehen, aber hat es sich bewährt, die Samen mehrmals am Tag einzunehmen.
- Um den Darm zu beruhigen, soll man Brei mit Pulver aus Bockshornkleesamen essen.
- Auch äußerlich als Breiumschlag bei Furunkeln, Geschwülsten und »offenen Beinen« findet der Samen Verwendung.

Anbau im Gewürzgarten

Das einjährige Kraut kann man auch in unseren Breitengraden gut im Gewürzgarten anbauen. Die Samen findet man in gut sortierten Gewürzständen auf dem Markt oder in asiatischen Feinkostläden. Man steckt sie mit einem Abstand von 20 Zentimetern in die Erde.

Geerntet wird nach der Blütezeit (April bis Juli) im August.

Wer nur kleinere Mengen benötigt, kann die Pflanze auch in einem Blumentopf auf dem Balkon oder auf der Fensterbank aussäen. Ihr intensiver, heuähnlicher Geruch ist allerdings nicht jedermanns Sache. Verwendung finden sowohl die getrockneten Blätter als auch die Samen.

Aufbewahrung

Wegen ihres unterschiedlichen Aromas empfiehlt es sich, die Blätter und Samen getrennt in verschlossenen Behältern trocken und kühl aufzubewahren.

Verarbeitung

Im Handel sind vor allem die etwa drei Millimeter großen, eckigen, gelbbraunen Samen erhältlich; sie werden ganz und gemahlen angeboten. Die Blätter gibt es gewöhnlich nur im asiatischen Feinkostladen zu kaufen.

Verwendung in der Küche

In der asiatischen Küche wird Bockshornklee viel verwendet. Speziell der indischen Küche ist Bockshornklee ein beliebtes Gewürz, das in den meisten Fleisch-, Kartoffel- oder Gemüsecurrys unverzichtbar ist. In Indien verwendet man neben dem Samen auch die Blätter, um Fischgerichte, Chutneys und sauer eingelegtes Gemüse zu verfeinern. Außerdem ist der Bockshornklee in Indien nicht aus Masala-Gewürzmischungen wegzudenken. In der europäischen Küche dagegen wird Bockshornklee wegen seines für den europäischen Gaumen gewöhnungsbedürftigen Geschmacks nur selten verwendet.

Nur in der Brotbäckerei und in den alpenländischen Käsereien findet das Gewürz Verwendung.

Tipp

Leicht geröstet haben die Samen das beste Aroma: Sie schmecken aromatisch, leicht bitter und mehlig, mit einem Anklang an kandierten Zucker.

Man kann die Samen noch ganz oder mit dem Mörser zerrieben verwenden. Sehr gut passen sie als Beilage zu geschmortem Schwein, Lamm oder Rind.

Sprossensalat

4 Personen

500 g Sprossen und Keime (Bockshornklee, kurze Weizenkeime, Mungbohnen, Alfalfa-Keime, Kichererbsen, Linsen, Sonnenblumenkerne, ein wenig Senfsaat)
Meersalz, 4 EL Apfelessig
1 TL Rohrzuckermelasse
Saft von 1 Zitrone
4 EL Leinöl oder Weizenkeimöl
2 EL Gemüsefond
2 Karotten
2 EL Sonnenblumenöl
2 EL verdünnter Weinessig
30 g gehackte Mandeln

1 Die Sprossen und Keime gut waschen und abtropfen lassen, in eine Schüssel legen, Meersalz, Apfelessig, die Rohrzuckermelasse, Zitronensaft, Leinöl- oder Weizenkeimöl und Gemüsefond zugeben und das Ganze für mindestens eine Stunde ziehen lassen.

2 Für die Garnitur die Karotten schälen und der Länge nach in dünne Streifen schneiden.

3 Die Karottenstreifen sofort marinieren. Für die Marinade geben Sie die zwei Esslöffel Sonnenblumenöl in eine Schüssel. In einem Becher mischen Sie einen Esslöffel Weinessig mit einem Esslöffel kaltem, frischem Wasser und verrühren die Flüssigkeiten gut miteinander. Den verdünnten Essig mit dem Sonnenblumenöl verrühren und die Karottenstreifen darin ziehen lassen.

4 Salat auf Tellern anrichten, mit den Mandeln bestreuen und mit den Karottenscheiben garnieren.

Bohnenkraut

Satureja hortensis · Satureja montana

Das Bohnenkraut ist ursprünglich im Mittelmeergebiet beheimatet und wächst dort heute teilweise noch wild, inzwischen aber ist es kultiviert in Mitteleuropa genauso anzutreffen wie in Asien, Südafrika und Nordamerika. Nach Deutschland kam es im Mittelalter durch die Benediktiner, die das Kraut in ihren Klostergärten anpflanzten. Es gibt zwei Arten von Bohnenkraut: das einjährige Garten- und Sommerbohnenkraut und das winterharte, mehrjährige Winterbohnenkraut, das aus dem Apennin stammt und einen niedrigeren Wuchs aufweist als die einjährige Pflanze.

Heilwirkung

Die entblähende Wirkung des Bohnenkrautes kannte man nicht erst seit dem frühen Mittelalter, als es der kräuterkundige Patrus Andreas Matthiolus (1500–1577) wegen seiner guten Wirkung auf das »wüllen«, die Blähungen, empfahl.

Schon Karl der Große erließ in seinen »Capitulare de villis«, einer Verordnung für die großen Landgüter, die königliche Empfehlung, das Bohnenkraut wegen seiner guten Wirkung auf die Verdauung anzubauen. In unserem Rezept wird das Bohnenkraut zu den frischen grünen Bohnen gegeben, um das Entstehen von Blähungen gleich zu verhindern.

- Geschätzt wird das Bohnenkraut vor allem wegen seiner magenfreundlichen Wirkung: Es regt den Appetit an, stärkt den Magen, wirkt gegen Durchfall, Koliken, Blähungen und andere Störungen des Verdauungstraktes.
- Ferner sagt man ihm nervenberuhigende und keimabtötende Eigenschaften nach.

Inhaltsstoffe

- *Ätherisches Öl*
- *Gerbstoffe*
- *Bitterstoffe*

Anbau im Gewürzgarten

Vor allem das Sommerbohnenkraut lässt sich problemlos im Garten oder im Blumentopf ziehen. Die Pflanze liebt Sonne und lockeren, humusreichen Boden und wird Mitte Mai (nach den letzten Frösten) ausgesät. Im Frühbeet kann die Aussaat schon im April erfolgen. Später werden die Pflänzchen auf einen Abstand von 15 Zentimetern ausgedünnt.
Die Ernte erfolgt am besten kurz vor der Blüte, wenn die Pflanze das beste Aroma und die stärkste Würzkraft hat. Dazu schneidet man es etwa fünf Zentimeter über dem Boden ab und bindet es zu Garben. Bohnenkraut schmeckt frisch und getrocknet gleichermaßen gut, auch tiefgefroren verliert es nichts von seinem Aroma.

Verwendung in der Küche

Seiner großen Würzkraft wegen sollte das Gewürz nur sparsam verwendet werden. Sehr gut passt es zu Gerichten mit Bohnen und anderen Hülsenfrüchten. Aber auch für Würste, Fleischgerichte, Fleischfüllungen und Pasteten und alle deftige Gerichte eignet sich das Gewürz hervorragend. Frisch wird das Gewürz vor allem als Würze für Salate und Rohkost verwendet.

- Sommerbohnenkraut entfaltet sein Aroma am besten, wenn es mitgegart wird.
- Beim Winterbohnenkraut hingegen wird umgekehrt verfahren: Das Kraut wird mitsamt der Stängel mitgekocht, darf aber nur zehn Minuten mitkochen (erst gegen Ende der Garzeit hinzufügen). Außerdem müssen die Zweiglein vor dem Servieren entfernt werden.

Über unser Rezept

Das Wichtigste vorab: Für dieses Bohnengericht bitte immer frisches Bohnenkraut verwenden und Sommer- bzw. Winterbohnenkraut entsprechend mitkochen.
Dieser Eintopf, der durch die Bohnen als Hauptzutat eine natürliche Blähwirkung hat, wir durch das Bohnenkraut in seiner Wirkung auf die Verdauung neutralisiert. Bei Gerichten wie diesem ist es erstaunlich, dass das Gewürz, das aus gesundheitlichen Gründen die beste Ergänzung ist, auch geschmacklich optimal harmoniert.

Tipp

Im Sommer gibt es das Bohnenkraut frisch, ansonsten ist es im Handel getrocknet oder gerebelt erhältlich. Luftdicht verschlossen, hält es sich bis zu einem Jahr.

»Bohnenkraut« sind nicht die Blätter der Bohnenpflanzen. Es ist ein mit dem Lavendel verwandter Lippenblütler.

Bohnen mit Fleisch

Für 4 Personen

2 Zwiebeln
400 g Lammfleisch aus der Schulter oder Keule
3 EL Tomatenmark
750 g grüne Bohnen
700 g enthäutete, gewürfelte Tomaten
1–2 Tassen Fleischbrühe
1 Bund frisches Bohnenkraut
1 fein gehackte Knoblauchzehe
Salz und Pfeffer

1 Die Zwiebeln klein hacken und in einem großen Topf, der alle Zutaten aufnehmen kann, anbraten.

2 Das klein geschnittene Fleisch hinzugeben und anbraten. Sobald das Fleisch braun ist, Hitze verringern, das Tomatenmark und die geputzten Bohnen hinzugeben.

3 Die Tomaten zugeben und mit der Brühe auffüllen. Das klein gehackte Bohnenkraut und den Knoblauch zugeben, nach Geschmack würzen.

4 Das Ganze eineinhalb Stunden auf kleiner Flamme leise köcheln lassen.

5 Ist das Gericht noch nicht zu stark eingekocht, kann es mit etwas Flüssigkeit aus einem tiefen Teller gegessen werden; andernfalls wird es zusammen mit Reis oder Kartoffelpüree serviert. Sehr gut schmeckt es auch mit Kartoffeln. Dazu klein geschnittene Kartoffeln eine halbe Stunde vor dem Ende der Garzeit zugeben. Wenn nötig mit Brühe auffüllen.

Kurkuma

Curcuma longa

Die Pflanze aus der Familie der Ingwergewächse stammt aus Südostasien und wächst heute in den tropischen Gegenden der ganzen Welt. In Europa ist die Pflanze seit dem Altertum bekannt, doch verwendete man sie zu jener Zeit nicht als Gewürz, sondern als Färbe- und Heilmittel. Dioskurides nannte Kurkuma deshalb auch den »indischen Saffran«. Heute wird Kurkuma nur selten allein verwendet, es ist ein wichtiger Bestandteil des Currypulvers. Die Pflanze wird auch in der Parfümerie und der Färberei verwendet. Wichtigstes Anbaugebiet ist Indien, wild wachsend ist Kurkuma nur selten anzutreffen. Die Kurkumapflanze ist mehrjährig, wird zwei Meter hoch und hat große lanzettliche, grüne Blätter und gelbe Blüten. Den Würzstoff liefern, ähnlich wie beim verwandten Ingwer, die Wurzelknollen.

Heilwirkung

Die Kurkuma ist in Indien ein Grundgewürz. Vor allem darf Kurkuma nicht fehlen, wenn dort eine Hausfrau ihre eigene Würzmischung zusammenstellt. Der Sinn dieser Würzmischungen ist nicht nur, dem Essen einen besseren Geschmack zu verleihen – bei den hohen tropischen Temperaturen in Indien müssen die Speisen auch haltbar gemacht werden.

Inhaltsstoffe

- *Ätherisches Öl*
- *Bitterstoffe*
- *Harz*
- *Farbstoffe (Curcumin)*

- Kurkuma regt den Gallefluss an, hilft bei Magenträgheit und Durchfall und wirkt antibakteriell.
- Zu empfehlen ist die Pflanze für alle, die Probleme mit der Leber oder Galle haben oder unter chronischer Gallenblasenentzündung leiden.
- Ferner sind mit Kurkuma gewürzte Speisen nach einer überstandenen Hepatitis sehr zu empfehlen.

Verarbeitung

Im Handel ist Kurkuma nur als Pulver erhältlich. Es riecht aromatisch, leicht ingwerähnlich und schmeckt würzig, scharf und bitter. Kurkumapulver ist gelbrot und färbt die Speisen (wie Safran) appetitlich gelb. Wegen seiner Lichtempfindlichkeit sollte es dunkel und trocken aufbewahrt werden.

Verwendung in der Küche

Die Färbekraft von Kurkuma ist bekannt, doch darf man das Gewürz nur für pikante Speisen verwenden, als Safranersatz ist die Gelbwurz nicht geeignet!
Man würzt mit dem Pulver pikante weiße, kalte und heiße Saucen, insbesondere Saucen für Krabben, Hummer und Muscheln. Köstlich schmeckt Kurkuma zum Suppenhuhn, zu Reis und Reisgerichten. Das Pulver passt zu Rühreiern, harten Eiern, Senf und Senfsaucen und ist ein wichtiger Bestandteil von Curry und Worcestersauce. Dabei ist es interessant zu wissen, dass das, was wir unter Curry verstehen, nicht etwa eine original indische Würzmischung ist. Wie gesagt, in Indien wird »Curry« in jeder Küche selbst gemacht und heißt auch nicht Curry! Die Würzmischung selbst wird meist als »Masala« bezeichnet und Curry bedeutet nichts anderes als einfach »Sauce«.

Über unser Rezept

Wer die indische Küche nicht kennt, glaubt oft, dass in den Kochtöpfen zwischen Srinagar und Neu-Delhi allerhand exotische Zutaten garen. Tatsache ist dagegen, dass man in der indischen Küche genau dieselben Hauptzutaten verwendet wie hierzulande. Aber wie unvergleichlich schmackhaft werden dort Kartoffeln, Paprikaschoten, Zwiebeln, Hühnchen und Linsen gewürzt! Das Gemüsecurry, das wir Ihnen hier vorstellen, ist eine sanft gewürzte Variante eines indischen Currys – es ist sozusagen ein »Schnuppercurry« für Neueinsteiger in die aromenreiche indische Küche.
Ein nicht unwichtiger Nebeneffekt ist, dass Kurkuma die Schärfe der Paprikaschoten mildert.

Tipp

Gelbe Flecken auf Küchengeräten, die Kurkuma eventuell hinterlassen hat, verschwinden vollständig, wenn man die Geräte ein bis zwei Stunden in die Sonne legt.

Ebenso wie Kurkuma eignet sich Koriander als Bratgewürz oder für Kräuterliköre.

Kurkuma-Kartoffeln mit Paprikaschoten

Für 2 Personen

800 g Kartoffeln
500 g grüne und gelbe Paprikaschoten
500 g Zwiebeln
4 EL Pflanzenöl
1½ TL Kurkuma
½ TL Salz
Schwarzer Pfeffer, frisch gemahlen

1 Pellkartoffeln kochen. Dazu die Kartoffeln, die möglichst gleich groß sein sollten, gut waschen und ungeschält kochen.

2 Die gegarten, ausgekühlten Kartoffeln sowie die rohen Paprikaschoten und Zwiebeln in kleine, etwa anderthalb Zentimeter große Würfel schneiden.

3 Das Öl in der Pfanne stark erhitzen und die Kurkuma, die Kartoffeln und Zwiebeln sowie die Paprikaschoten hineingeben. Alle Zutaten wenige Minuten lang anbraten. Dabei hin und wieder umrühren, damit sich kein Gemüse am Pfannenrand festsetzt.

4 Mit zwei bis drei Esslöffel Wasser ablöschen – Vorsicht vor Spritzern! Die Hitze reduzieren und das Gericht unter gelegentlichem Rühren zehn Minuten weiterköcheln lassen.

5 Mit Salz und Pfeffer je nach Geschmack würzen.

Ingwer

Zingiber officinale

Die Heimat des Ingwer ist Indien, heute wird die Pflanze aus der Familie der Gewürzlilien in den tropischen Ländern aller Kontinente kultiviert. In Asien, von Indien bis nach China, wird das Gewürz seit Urzeiten verwendet. Nach Europa kam der Ingwer um die Zeitenwende, in Deutschland ist er seit dem neunten Jahrhundert bekannt. Die Ingwerpflanze wird bis zu eineinhalb Meter hoch und hat gelbe Blüten. Das Gewürz ist der getrocknete Wurzelstock der Pflanze, er ist daumendick und verzweigt und schmeckt brennend scharf. Ingwer kommt geschält oder ungeschält und in geschmacklich stark voneinander abweichenden Sorten in den Handel. Als der feinste Ingwer gilt der Jamaika-Ingwer. Neben Indien ist England der größte Ingwerverbraucher.

Heilwirkung

Wie auch das Basilikum sollte man Ingwer ganz bewusst in der Diätküche verwenden, denn die Ingwerwurzel hat nicht nur einen so interessanten, starken Geschmack, dass sie Pfeffer und Salz ersetzen kann! Sie regt nachweislich die Verdauungstätigkeit an. Durch die in ihr enthaltenen ätherischen Öle und Scharfstoffe werden die Produktion der Magensäure und die Verdauung ganz generell aktiviert.

Inhaltsstoffe

- *Ätherisches Öl*
- *Scharfstoffe*

Unser Pfefferminz-Ingwer-Chutney soll Ihnen den Umgang mit der gesunden Ingwerwurzel erleichtern.

- Ingwer wirkt verdauungsfördernd, vertreibt Blähungen und fördert die Speichel- und Magensaftsekretion.
- Ferner soll er neueren Untersuchungen zufolge gegen Übelkeit und Erbrechen helfen.
- Ingwer stärkt das Immunsystem und hemmt Entzündungen.

Verarbeitung

Ingwer ist frisch, getrocknet oder als Pulver im Handel. Getrockneter Ingwer wird ganz, in Stücken oder in Scheiben verkauft; an den frischen Ingwer reicht er nicht heran.
Frischer Ingwer sollte sich fest anfühlen, das blassgelbe Fleisch nicht allzu faserig sein. Außerdem ist Ingwer in vielen Curry- und anderen Gewürzmischungen enthalten.

Verwendung in der Küche

In Europa verwendet man den Ingwer hauptsächlich, um Süßspeisen und Desserts zu verfeinern. Es gibt Ingwerbrot, Ingwerbiskuits, Ingwerkuchen, mit Ingwer gewürzte Puddings, Cremes und Quarkspeisen.
In Asien und im Osten dagegen würzt man mit frischem Ingwer Fleisch-, Geflügel- und Fischgerichte. Ingwer passt zu Pickles und Chutneys, zu eingelegten Gurken und Kürbissen, aber auch zu Sauerbraten, Suppen und Reisspeisen.

VORSICHT!

Bei Frauen, die am Beginn einer Schwangerschaft stehen, kann Ingwer das Schwangerschaftserbrechen verstärken.

In England und Amerika sind Ingwergetränke, wie Ginger Ale und Ginger Beer, sehr beliebt. Ingwer aromatisiert Angostura, Aromatique, Boonekamp sowie zahlreiche andere Magenliköre und Bitter.

Über unser Rezept

Leider nutzen gerade ältere und alte Menschen, bei denen Magen und Darm nicht in Ordnung sind, den Ingwer nicht, da sie fürchten, dass Ingwer zu stark und intensiv schmeckt.
Unser Rezept hat den großen Vorteil, dass man von einem Chutney immer etwas zum Essen geben kann, aber nicht muss. Außerdem kann jeder immer nur so viel vom Chutney nehmen, wie er gerade möchte. Man reicht ein Chutney als kleine kalte Sauce entweder zu heißen Gemüsegerichten oder zu kalten Braten. Ganz köstlich schmeckt dieses Chutney zu Lammbraten; aber auch zu kaltem Hühnchen oder zum Gegrillten sollten Sie es einmal versuchen.

TIPP

Brät man frischen Ingwer in Öl oder Butterfett, bekommt er ein feines und mildes Aroma. Frischer Ingwer wird geschabt oder in kleine Stücke geschnitten. Größere Stücke lässt man Mitkochen und entfernt sie vor dem Servieren.

Indisches Pfefferminz-Ingwer-Chutney

für 1 Töpfchen

40 g Pfefferminzblätter
1/8 l Obstessig
1 Prise Salz
1 TL Zucker
1 TL fein gehackte Chilischoten
100 g kandierte, gewürfelte Ingwerpflaumen
2 TL frischen, geriebenen Ingwer
1 fein gehackte Knoblauchzehe
50 g fein geschnittene Schalotten

1 Die Pfefferminzblätter gründlich waschen, trockenschleudern, fein hacken.

2 Die gehackten Pfefferminzblätter mit Essig, Salz, Zucker und Chilischoten zu einem Brei verrühren.

3 Die Ingwerpflaumen mit dem Ingwer und dem Knoblauch unter den Pfefferminzbrei rühren.

4 Zum Schluss die Schalotten dazugeben. Gegebenenfalls mit Obstessig verdünnen.

5 Das Chutney in ein Einmachglas füllen, fest verschließen und kühl aufbewahren.

Pfeffer

Piper nigrum

Die Heimat der Pfefferpflanze, eine Kletterpflanze, die wie der Hopfen an Kletterstangen gezogen wird, ist Indien. Heute wird sie in den meisten tropischen Gebieten angebaut. Sie hat dunkelgrüne Blätter und kugelige Früchte, die an langen, herabhängenden Schnüren hängen und unreif grün, später rot aussehen. Die verschiedenen Pfeffersorten (schwarzer, grüner und weißer Pfeffer) stammen alle von der gleichen Pflanze, werden jedoch bei der Ernte verschieden behandelt. Weißer Pfeffer wird aus den reifen Beeren gewonnen, die gewässert und »geschält« werden und dadurch eine helle Farbe erhalten. Schwarzer Pfeffer stammt aus unreif gepflückten Beeren, die beim Trocknen schwarz und runzlig werden. Beim grünen Pfeffer handelt es sich um die unreifen Früchte, die gleich nach der Ernte in eine Salzlake gegeben und später mit Essig übergossen werden. Die Pfefferpflanze ist eine uralte Gewürzpflanze, die in ihrer Heimat Indien schon tausend Jahre vor Christi Geburt bekannt war. Ins Abendland kam der Pfeffer durch Alexander den Großen.

Heilwirkung

Die Inhaltsstoffe wie ätherische Öle, Fermente, Harze und das Piperin machen den Pfeffer in erster Linie zum Gewürz mit scharfem Geschmack. Früher gab man Pfeffer aber auch als Heilmittel bei akuten, entzündlichen Prozessen und gegen Fieber. Heute nutzt man in erster Linie seine regulierende Wirkung auf Magen und Darm.

- Pfeffer wirkt daher auch vorbeugend gegen Blähungen.
- Überdies fördert Pfeffer die Durchblutung, stärkt die Abwehrkräfte, wirkt entzündungshemmend, fiebersenkend, antiallergisch und schweißtreibend.

Inhaltsstoffe

- *Ätherisches Öl*
- *Scharfstoff Piperin*
- *Fettes Öl*

Verarbeitung

Pfeffer ist gemahlen und als ganze Frucht im Handel und Bestandteil vieler Mischgewürze. In guter Qualität ist er ziemlich teuer. Man kauft am besten ungemahlenen Pfeffer, er hat das beste Aroma. Gemahlener Pfeffer verliert dagegen leicht sein Aroma und kann zudem mit minderwertigen Gewürzen versetzt und gestreckt sein.

- Weißer Pfeffer ist milder als schwarzer Pfeffer, man verwendet ihn meist in hellen Rahmsaucen.
- Grüner Pfeffer dagegen ist aromatischer als weißer Pfeffer.
- Alle Sorten schmecken scharf und würzig und sind aus der Küche vieler Länder nicht wegzudenken. Pfeffersorten wie der Kubebenpfeffer *(Piper cubeba)* und der Lange Pfeffer *(Piper longum)* spielen bei uns eine untergeordnete Rolle.
- Der Rote Pfeffer *(Schinus molle)* dagegen stammt aus der Familie der Anacardiacee; er schmeckt ähnlich wie der Pfeffer, doch fehlt ihm die Schärfe.

Verwendung in der Küche

Pfeffer passt fast zu jedem Gericht und wird entsprechend gerne verwendet. In Deutschland darf Pfeffer in keinem Haushalt fehlen, man würzt mit Pfeffer Schwein, Lamm, Rind und Fisch. Pfefferkörner verfeinern Marinaden, Saucen, Suppen und Eintöpfe. Gemahlener Pfeffer ist ein Universalgewürz für Eierspeisen, Gemüse und Salate aller Art.

- Kurz vor Ende der Garzeit an die Speisen gegeben, schmeckt Pfeffer am aromatischsten.
- Sehr zu empfehlen ist die Anschaffung einer Pfeffermühle oder eines Mörsers – auf diese Weise haben Sie das Gewürz immer frisch zur Hand.

Über unser Rezept

Mit Pfeffer gewürzte Speisen sind leichter verdaulich, sie regen die Sekretion von Speichel- und Magensaft an und steigern die Enzymaktivität in Speichel und Bauchspeicheldrüse. Pfeffer hilft dem Magen auch, das Eiweiß, das in den Steaks, in den Pilzen und in der Sahne enthalten ist, zu verarbeiten.

Pfeffermühlen müssen nicht teuer sein. Und den Unterschied zwischen Pfeffer aus der Tüte und frisch gemahlenem Pfeffer schmeckt einfach jeder.

Eine Sauce nicht noch einmal aufkochen, wenn Sie Sahne daruntergerührt haben! Sie gerinnt sonst.

Hüftsteak mit Shiitake-Pilzen und grünem Pfeffer

Für 4 Personen

200 g Shiitake-Pilze
4 große Schalotten
4 Hüftsteaks
Öl zum Braten (z.B. Erdnussöl)
1 EL Butter
1 Bund glatte Petersilie
100 ml trockener Rotwein
200 g Sahne
50 g eingelegter grüner Pfeffer
Salz und Pfeffer

1 Die Shiitake-Pilze putzen und fein schneiden, die Schalotten schälen und in Ringe schneiden. Die Steaks waschen, mit Küchenkrepp trockentupfen und mit etwas Öl beträufeln.

2 Die Pilze in heißem Öl anbraten; sobald sie braun werden, die Temperatur reduzieren, Butter und Schalotten dazugeben und unter Rühren glasig dünsten.

3 Die Pilze mit dem Rotwein ablöschen und fast ganz einkochen lassen.

4 Die Sahne und den grünen Pfeffer zu dem Sud geben, gut verrühren und mit Salz, gemahlenem Pfeffer und der fein gewiegten Petersilie abschmecken.

5 Die Steaks mit Salz und Pfeffer würzen und von jeder Seite etwa eine Minute in heißem Öl anbraten und fünf Minuten im warmen Backofen ruhen lassen. Mit Bratkartoffeln und der Pilzsauce servieren.

Pimpinelle

Sanguisorba minor

Die Pimpinelle ist eine wild wachsende Pflanze und ist bei uns vor allem auf trockenen Wiesen, Geröllhalden und Wegrändern anzutreffen. Sie hat behaarte, verästelte Stängel, hellgrüne Blätter und dunkelrote, kugelige Blütenköpfe und gehört in die Familie der Rosengewächse. Man nennt sie auch den »Kleinen Wiesenknopf«. Sie war einst ein wichtiges Küchengewürz, heute wird sie vor allem in Italien und Frankreich verwendet. Sie riecht frisch und schmeckt würzig, nussartig und leicht nach Gurke. Sie sollte nicht mit der Bibernelle aus der Petersilien-Familie (Pimpinella saxifraga) *verwechselt werden.*

Heilwirkung

Leider ist der Wiesenknopf, den die meisten unter dem hübscheren Namen Pimpinelle kennen, als Heilpflanze fast ganz aus unserem Bewusstsein verschwunden. In früheren Zeiten waren ihre blutstillenden, stopfenden und entzündungshemmenden Eigenschaften besser bekannt. So verabreichte man unter anderem einen Tee aus Pimpinellenblättern und -blüten, um bei Frauen zu starke Periodenblutungen günstig zu beeinflussen.

Inhaltsstoffe

- *Ätherisches Öl*
- *Vitamine*
- *Gerbstoffe*

- Die Pimpinelle galt im Mittelalter als Heilmittel gegen die Pest!
- Die Pimpinelle regt den Appetit an, fördert die Verdauung und wirkt Darmgärungen entgegen. Man verordnet sie auch bei Dünndarmentzündungen.
- Die Wurzel wird für Mundspülungen bei Zahnfleischentzündungen und Rachenbeschwerden verwendet.
- In Russland und China nutzt man sie in der Volksmedizin als blutstillende Heilpflanze.

Anbau im Gewürzgarten

Die Pimpinelle lässt sich leicht aus Samen oder durch Wurzelteilung im Garten ziehen. Sie braucht trockenen, kalkhaltigen Boden und Sonne, ist aber relativ unempfindlich. Die Samen werden im April ins Freiland ausgesät.
Geerntet werden vor allem die jungen Blätter, sie sind zarter und haben das bessere Aroma.
Die wild wachsende Pimpinelle findet man an Wegrändern und Geröllhalden.

Aufbewahrung

Für eine Heilanwendung als Tee oder auch um die Würzkraft des Wiesenknopfs jederzeit zur Hand zu haben, kann man die Pflanze trocknen. Legen Sie sie dazu aber nicht in die Sonne, sondern lassen Sie Blüten und Blätter an einem luftigen und schattigen Plätzchen liegen, bis sie ganz trocken sind.
Anschließend kann man sie in einem geeigneten Behälter aufbewahren.

Verarbeitung

Verwendet werden vor allem die frischen Blätter. Im Sommer wird die Pimpinelle zusammen mit anderen frischen Kräutern im Bouquet angeboten.

Verwendung in der Küche

Die Pimpinelle wurde früher vor allem als Suppengemüse kultiviert. Sie passt außerdem gut zu Salaten, Gemüseeintöpfen und Quark. Sie ist traditionell Bestandteil der »Frankfurter Grünen Sauce«, man würzt mit ihr Kräutersaucen, Kräuterbutter und Kräutermajonäse. Auch zu Fisch (Aal und Hecht), Frikassee und Eiergerichten passt sie vorzüglich.

Über unser Rezept

Die berühmte Grüne Frankfurter Sauce schmeckt natürlich zu jeder Jahreszeit gut. Sie ist aufgrund ihrer außergewöhnlichen Bekömmlichkeit zu einer Delikatesse geworden, die nicht nur die Besucher der Frankfurter Messen zu schätzen wissen!
Wichtig für ein gutes Gelingen der Sauce ist in erster Linie, dass die Zutaten möglichst frisch sind. Deshalb lohnt es sich, die Sauce mindestens einmal im späteren Frühjahr zu machen, wenn alle neun Kräuter zu finden sind.
Sie werden sehen, dass die Sauce eine reinigende und vitalisierende Wirkung hat. Deshalb sollte sie auch immer Bestandteil einer Frühjahrskur sein.

Grüne Frankfurter Sauce

Für 4 Personen

100 g frische Kräuter (Pimpinelle, Dill, Borretsch, Kresse, Kerbel, Petersilie, Estragon, Sauerampfer und Schnittlauch)
2 Eigelb
2 EL Pflanzenöl
Saft einer Zitrone
6 hart gekochte Eier
250 g saure Sahne
1 TL Senf
Salz und Pfeffer

1 Alle Kräuter gründlich waschen, gut abtropfen lassen und fein hacken.

2 Das Eigelb, das Öl und den Zitronensaft rasch und sehr gründlich miteinander verrühren.

3 Die fein gehackten Kräuter, die saure Sahne und den Senf zugeben. Das Ganze mindestens eine Stunde durchziehen lassen.

4 Die Sauce anschließend mit Salz und Pfeffer sehr pikant abschmecken.

5 Die hartgekochten Eier vorsichtig klein hacken und unter die Sauce heben.

6 Mit heißen Pellkartoffeln, zu gedünstetem Fisch oder zu gekochtem Rindfleisch serviert, ist diese schmackhafte und gesunde Sauce eine echte Delikatesse.

Vorsicht!

Die Pimpinelle heißt auch Wiesenknopf oder Welsche Bibernelle. Verwechseln Sie sie nicht mit der Bibernelle (lat. Pimpinellea major), die auch Pimpernell oder Steinpeterlein genannt wird!

Tipp

Am aromatischsten schmeckt die Pimpinelle, wenn man sie möglichst frisch zu den Speisen gibt.

Schafgarbe

Achillea millefolium

Die Schafgarbe wächst in ganz Europa und Nordamerika an Waldrändern, Böschungen, auf Wiesen, Weiden und Ödland. Von alters her schätzt man ihre blutstillende Wirkung – daher auch die volkstümlichen Namen »Blutstillkraut«, »Beilhiebkraut«, »Schnittkraut« und »Wundkraut«. Der botanische Name »Achillea« dagegen geht auf den griechischen Helden Achill zurück, der der Sage nach mit der Schafgarbe die Verwundung des Königs der Myser geheilt haben soll. Noch bekannter aber ist sie als »Frauenpflanze« – sie soll typische Frauenleiden wie zu starke Monatsblutungen, Unterleibskrämpfe und Ausfluss lindern. Die Schafgarbe wird bis zu 50 Zentimeter hoch, hat weiße bis zartrosa Blüten und doppelt gefiederte, behaarte Blätter. Sie riecht sehr stark, ihre Blätter schmecken zart aromatisch bis leicht bitter.

Heilwirkung

Ihr ätherisches Öl macht die Schafgarbe zu einem hervorragenden verdauungsfördernden und appetitanregenden Mittel.

- Sie behebt Galle- und Leberbeschwerden und Magenkrämpfe und wirkt bei Haut- und Schleimhauterkrankungen entzündungshemmend und wundheilend.
- Groß ist ihre Bedeutung in der Frauenheilkunde. Sie lindert Menstruationsbeschwerden, Unterleibskrämpfe und Ausfluss. Früher hieß es deshalb: »Schafgarb im Leib, tut gut jedem Weib!« Als überaus wirksam galt vor allem der Schafgarbentee, aber auch zur äußerlichen Anwendung in Form von Umschlägen, Spülungen oder Bädern war sie sehr beliebt.
- Als Saft soll sie die Widerstandskraft steigern und weniger anfällig gegen vielerlei Krankheiten machen.

Inhaltsstoffe

- *Ätherisches Öl*
- *Bitterstoffe*
- *Flavonoide*
- *Gerbstoffe*
- *Mineralstoffe*

Sammeln in der freien Natur

Gesammelt werden die Blüten oder die Blätter, doch nicht die festen Stängel. Die Krautspitzen werden zur Blütezeit (Juni bis September) gesammelt, gebündelt und an einem luftigen Ort zum Trocknen aufgehängt. Man kann die jungen, zarten Blättchen auch frisch verwenden, muss sie dann aber zeitig im Frühjahr sammeln.

Verwendung in der Küche

Das herbe und aromatisch schmeckende Kraut eignet sich sehr gut als Würze für frische Salate, Kräuterquark und Brotaufstriche. Man würzt mit ihm Suppen, aber auch Eintöpfe und andere fette Speisen. Sehr gut schmecken die frischen Blätter auch als Gemüse zubereitet. Überdies ist Schafgarbe ein wichtiger Bestandteil der traditionellen Gründonnerstagssuppe.

Über unser Rezept

Nach einem langen Winter sind die Kräfte oft erschöpft. Man kann spüren, dass der Körper anfälliger für Erkrankungen ist. Unlust und Müdigkeit machen sich breit, und man sehnt sich zunehmend nach dem Frühling und seiner regenerierenden Kraft. Wer jetzt nicht aufpasst, bekommt rasch eine Erkältung, die sich am Ende des Winters leicht zu einer langwierigen Erkrankung mit hartnäckigen Komplikationen auswachsen kann.
Unterstützen Sie Ihren Körper daher besonders im Februar und März mit vitalisierender Nahrung. Vor allem die Schafgarbe, die zu den ersten Frühlingsblühern zählt, sollten Sie bewusst nutzen. In unserem Rezept werden die frischen Kräuter nicht gekocht, sondern roh verwendet, damit sie keinen ihrer wertvollen Inhaltsstoffe verlieren.

Tipp

Ganz allgemein kann man frische, junge Schafgarbe, die man an geschützten Stellen sogar schon ab Ende Januar finden kann, immer anstelle von Dill verwenden!

Vorsicht!

Schafgarbe kann bei empfindlichen Menschen Hautallergien mit Rötungen, juckenden Ausschlägen und Bläschenbildung (die so genannte »Schafgarbendermatitis«) hervorrufen!

Wildkräuterquark mit Pellkartoffeln

Für 4 Personen

- *2–3 Kartoffeln pro Person*
- *1 Prise Salz*
- *1 Handvoll frisch gepflückte Schafgarbenblätter*
- *1 Handvoll Wiesenschaumkrautknospen*
- *8 Blättchen Löwenzahn*
- *500 g Magerquark*
- *2 EL Sonnenblumenöl*
- *1/8 l Schlagsahne*

1 Kartoffeln von möglichst gleicher Größe auswählen und abwaschen.

2 In einem Topf mit einer guten Prise Salz und einem kleinen Stück Butter zum Kochen bringen. Anschließend bei mittlerer Hitze und fast geschlossenem Topfdeckel garen.

3 In der Zwischenzeit die Schafgarbenblätter, die Wiesenschaumkrautknospen und die Löwenzahnblättchen klein hacken. Nur sehr verschmutzte Teile waschen.

4 500 Gramm Magerquark mit Sonnenblumenöl und Schlagsahne zu einer feinen Creme schlagen.

5 Die Kräuter unterrühren und den Quark mit Salz pikant abschmecken.

6 Den Quark mit den Pellkartoffeln servieren. Wunderbar schmeckt noch ein bisschen Butter dazu.

Ysop

Hyssopus officinalis

Die 60 Zentimeter hohe Pflanze aus der Familie der Lippenblütler kommt aus dem westlichen Mittelmeergebiet und wächst heute auch im südlichen Mittel- und Osteuropa sowie im Nahen Osten. Der Ysop war schon den alten Griechen bekannt, die seine wohltuende Wirkung als Tee und Husten- und Magenmittel zu schätzen wussten. Nach Mitteleuropa kam das Kraut vermutlich durch die Benediktiner. Hildegard von Bingen empfahl ihn bei Wassersucht und Magenschmerzen, und bei Tabernaemontanus steht: »Von dem Ysop wird auch gar ein nutzlicher Wein bereitet / und tauget dieser Wein sonderlich den Alten / dann er erwärmet alle innerlichen Glieder.« Der Ysop hat grüne, lanzettliche Blätter und königsblaue, rosa oder weiße Blüten; er schmeckt leicht bitter und ein wenig nach Minze.

Heilwirkung

Die bis zu einem Meter groß werdende Pflanze erinnert ein wenig an Lavendel – auch Lavendel ist blau und duftet intensiv. Auch deshalb wird der Ysop, der sich besser mit unserem Klima anfreunden kann als der Lavendel, gerne im Garten angepflanzt. Seine Heilwirkung richtet sich auf Magen und Darm, doch auch bei Erkältungen hat er lange Tradition.

Inhaltsstoffe

- *Ätherisches Öl*
- *Gerbstoffe*
- *Bitterstoffe*
- *Flavonoide*
- *Vitamin C*

- Ysop ist gut für den Magen. Er regt die Magentätigkeit an und fördert den Appetit.
- Auch für den Darm ist Ysop gut, denn das Kraut behebt Blähungen und hilft bei Durchfall.
- Überdies wirkt er harn- und schweißtreibend. Er reinigt das Blut, stillt leichte innere Blutungen.
- Ysop hilft auch bei Husten und Halsentzündung.

Anbau im Gewürzgarten

Ysop gibt es nur selten im Handel zu kaufen; daher baut man ihn am besten selber an. Die Pflanze lässt sich leicht ziehen, man vermehrt sie durch Samen, Stecklinge oder durch Teilen.
Der Ysop ist eine dekorative und wohlriechende Pflanze, die auch zu reinen Zierzwecken gerne im Garten angepflanzt wird. Er ist mehrjährig und braucht einen sonnigen Standort und kalkhaltigen Boden, kann aber auch im Blumentopf gezogen werden. Alle drei bis vier Jahre sollte die Pflanze allerdings erneuert werden.
Geerntet wird das blühende Kraut von Juni bis August.

Verarbeitung

Zum Trocknen schneidet man die Stängel kurz vor der Blüte und hängt sie gebündelt an einen luftigen, trockenen Ort.

Verwendung in der Küche

Ysop passt gut zu deftigen Gerichten – zu Bohnengerichten, Eintöpfen, Suppen, Schweine- und Hammelfleisch. Frische Salate, Kräutersaucen und Quark erhalten durch Ysop eine pikante Note. Sparsam dosiert würzt er zarten Kalbsbraten, Ragouts und Fischgerichte.

- Gewöhnlich gibt man ihn frisch über die fertigen Speisen, doch in Südeuropa und im Orient wird Ysop auch mitgekocht. Er ist dort Teil vieler Gewürzmischungen.
- Eine wichtige Rolle spielt der Ysop auch in der Likörbereitung.

Den wohlschmeckenden Ysop kann man relativ einfach selbst zu einem alkoholischen Getränk verarbeiten. In der Kombination mit Angelikawurzel, Salbei, Fenchel, Ysop und Erdefeu ergibt er ein wohlschmeckendes Bier.
Dazu brauchen Sie nur einen Liter Bier und eine Hand voll der oben genannten Kräutermischung. Sie geben die Kräuter zum Bier, lassen die Flüssigkeit einige Minuten lang kochen und seihen das fertige Kräuterbier noch heiß durch ein Tuch in eine passende Flasche.
Jeweils vor dem Essen ein Gläschen des Kräuterbiers sollte der Verdauung gut bekommen.

Tipp

Ysop passt nicht nur zu Fleischgerichten, auch in Kombination mit Früchten, besonders mit Beeren, lässt sich die Pflanze verwenden.

Beerenmischung mit Ysop und Vanillecreme

Für 4 Personen

250 g Himbeeren
250 g Brombeeren
250 g Blaubeeren
250 g Olallie-Beeren
1½ Tassen Schlagsahne
¼ Tasse Honig
1 Vanilleschote
20 frische Ysopblätter

1 Die Beeren waschen, verlesen, gut abtropfen lassen und vorsichtig miteinander vermengen.

2 Die stark gekühlte Sahne gut mit dem Honig verrühren.

3 Die Vanilleschote in sehr heißem Wasser einweichen, aufschneiden, das Mark ausschaben, zur Sahne geben und gleichmäßig verrühren.

4 Eine Portion Creme auf jeden Teller geben, die Beerenmischung darüber geben und mit Ysopblättern garnieren.

Gewürze und Kräuter mit krampflösender Wirkung

Stress und Überlastungen kann der Körper eine Zeit lang sehr gut auffangen und verarbeiten. Halten die Aufregungen und Belastungen aber zu lange an, wehrt sich der Organismus. Während bei manchen Menschen das Immunsystem zusammenbricht und sie an einem Infekt erkranken, reagieren andere mit einer zunehmenden Verkrampfung. Heilpflanzen können diese Verkrampfungen oft auf natürliche Weise lösen. Sie stärken Magen, Darm, Galle und Leber und lindern Reizhusten sowie Menstruationsbeschwerden.

Dill

Anethum graveolens

Dill stammt aus dem Orient, war aber auch schon den alten Römern und Griechen bekannt. In Deutschland wurde Dill durch Karl den Großen bekannt. Die zur Familie der Doldengewächse gehörende Pflanze wird bis zu einem Meter hoch und hat zart gefiederte Blätter und gelbe Blütendolden. Die Blättchen und die großen Blütendolden riechen und schmecken angenehm lieblich würzig und erinnern ein wenig an Fenchel. Das Kraut kommt wild wuchernd und angebaut vor. Hauptanbaugebiete sind die Mittelmeerländer, aber auch Osteuropa exportiert sehr viel. Besonders beliebt ist er in Skandinavien, wo er zahlreiche Fischgerichte verfeinert.

Heilwirkung

Der apart wirkende Dill mit seinen zarten, tief gefiederten Blättern war schon in alten Zeiten eine beliebte Heilpflanze. Man schätzte ihn besonders aufgrund seiner entkrampfenden Wirkung im gesamten Magen- und Darmbereich. Heute ist seine Heilkraft zwar nicht ganz vergessen, aber aufgrund seines Geschmacks ist sein »Haupteinsatzgebiet« die Küche.

- Er hilft bei Verdauungsproblemen und beugt Blähungen vor.
- Dill löst Krämpfe und lindert Koliken.
- Ferner hemmt das Kraut das Wachstum und die Vermehrung von Bakterien.
- Dill wird zur Steigerung der Milchproduktion bei stillenden Frauen empfohlen.

Wer die Heilkraft des Dill für sich selbst wieder neu entdecken möchte, kann folgende Anwendungen erproben:

- Tee aus Dillsamen gegen Unterleibsschmerzen und Übelkeit.
- Kauen von frischen Samen oder Blättern gegen Mundgeruch.

INHALTSSTOFFE

- *Ätherisches Öl*
- *Fette Öle*
- *Flavonoide*
- *Bitterstoffe*

Anbau im Gewürzgarten

Dill lässt sich leicht im Garten anbauen, im Blumenkasten oder Blumentopf dagegen lässt er sich nicht so gut ziehen. Die Pflanze stellt keine großen Ansprüche, bevorzugt jedoch einen warmen, windgeschützten Standort. Ausgesät wird so früh wie möglich nach dem Abklingen der Winterfröste. Sechs Wochen später kann bereits geerntet werden. Verwendet wird das ganze Kraut, oft auch nur die Blätter sowie die Samen. Am besten schmeckt Dill frisch oder tiefgefroren, getrocknet verliert er seine Würzkraft.

VORSICHT!

In der Natur ist Dill leicht mit anderen, giftigen Doldengewächsen zu verwechseln – sammeln Sie daher nur Pflanzen, deren Herkunft zweifelsfrei sicher ist.

Verarbeitung

Das frische Kraut wird bei uns fast das ganze Jahr über im Gemüseladen und auf dem Markt angeboten. Ferner ist getrockneter Dill und gerebelter Dill erhältlich. Die beste Qualität haben die so genannten »Dillspitzen«.

Verwendung in der Küche

Sein Aroma entfaltet Dill am besten roh; frisch schmeckt er leicht scharf, süßlich und sehr würzig. Er verfeinert grünen Salat, rohe Gemüsesalate, Gurkensalat sowie alle Arten von hellen Saucen.

- Auch klaren Suppen, Gemüsesuppen, Fischsuppen oder Suppen aus Krusten- und Schalentieren bekommt er sehr gut.
- Am bekanntesten ist wohl die Verwendung von Dill beim Einlegen von Gurken.

TIPP

Dillblätter enthalten ein flüchtiges, ätherisches Öl und dürfen nicht längere Zeit gekocht werden. Am besten gibt man den Dill gegen Ende der Kochzeit oder direkt vor dem Servieren an die Speisen.

Gebackene Ofenkartoffeln mit gegrilltem Camembert

Für 2 Personen

2 große mehlige Kartoffeln
2 kleine Karotten
½ Salatgurke
1 Zitrone
1 EL fein gehackter Dill
Schwarzer Pfeffer, frisch gemahlen
1 Prise Salz
2 Stück Camembert

1 Den Backofen aus 220 Grad Celsius vorheizen.

2 In der Zwischenzeit die Kartoffeln waschen und die Schale kreuzweise leicht einritzen. Jede Kartoffel einzeln fest in ein Stück Alufolie einwickeln und die Kartoffeln im Backofen bei 220 Grad Celsius 45 -55 Minuten backen.

3 Während die Kartoffeln garen, bereiten Sie das Gemüse zu. Dazu schälen Sie Karotten sowie Gurke und hacken sie fein.

4 Aus dem Zitronensaft und dem Dill bereiten Sie eine Marinade, die Sie pikant mit Salz und Pfeffer abschmecken.

5 Etwa zehn Minuten, bevor die Kartoffeln fertig sind, geben Sie den Camembert auf einer Alufolie in den Ofen und lassen ihn etwa sechs Minuten backen. Nach drei Minuten einmal wenden. Dann herausnehmen und warm halten.

6 Die fertigen Kartoffeln drücken Sie leicht auseinander, belegen Sie mit den Gurken- und Karottenstückchen und übergießen das Ganze mit ein wenig Marinade.

7 Kartoffeln und Camembert auf Tellern anrichten und servieren.

Über unser Rezept

Wahrscheinlich ist Ihnen Dill als ein Gewürz für helle Sauce zum Rindfleisch ein Begriff – wie köstlich er außerdem eine Marinade würzt, können Sie mit unserem Rezept ausprobieren.
Seine wohltuende Wirkung kann sich in dieser kalten Zubereitung vollkommen entfalten.

Kreuzkümmel

Cuminum cyminum

Mit dem Kümmel hat der Kreuzkümmel nur wenig gemein; zwar stammt er wie der Kümmel aus der Familie der Doldengewächse, aber sein Geschmack ist ganz anders. Die Kreuzkümmelpflanze stammt aus dem Fernen Osten, wurde aber schon vor Jahrtausenden im Mittelmeerraum angebaut. Sie wird etwa 30 Zentimeter hoch und hat weiße oder lila Blüten. Die Früchte sind grünlich grau und ähneln gewöhnlichen Kümmelfrüchten, schmecken aber viel schärfer und bitterer. Hauptanbauländer sind heute die Türkei, Spanien, Sizilien, Malta, der Mittlere Osten, Nordafrika, aber auch Indien. In der europäischen Küche wird der Kreuzkümmel nur selten benutzt, doch in den Küchen des Fernen Ostens, Mexikos und Nordafrikas ist er sehr beliebt. Kreuzkümmel kannte man bei uns vor allem unter dem Namen »Römischer Kümmel«. »Mutterkümmel« ist eine andere Bezeich-nung für ihn, da man annahm, dass der Kreuzkümmel die Pflanze ist, von der unser Kümmel abstammt.

Heilwirkung

Im Großen und Ganzen kann man sagen, dass sich die Heilwirkungen des Kreuzkümmels kaum von denen des Kümmels unterscheiden. Obwohl die beiden Kümmelsorten vollkommen unterschiedlich im Geschmack sind, enthalten beide ein ähnlich wirkendes ätherisches Öl, das ihre Heilwirkung deutlich bestimmt.

Inhaltsstoffe

- *Ätherisches Öl*
- *Harz*
- *Gerbstoffe*

- Kreuzkümmel löst Krämpfe im Magen und Darm.
- Er hilft bei Blähungen und Durchfall.
- Kreuzkümmel wirkt appetitanregend und hat eine antibakterielle Wirkung.
- Im Orient weiß man, dass das Kauen von trockenen, gerösteten Kreuzkümmelsamen gegen den Geruch nach einem Essen mit viel Knoblauch hilft.

Verarbeitung

Kreuzkümmel ist ganz oder gemahlen im Handel. Gemahlen verliert der Kreuzkümmel schnell sein Aroma, man kauft ihn daher am besten frisch gemahlen oder mahlt ihn selbst.
Ferner ist er Bestandteil vieler Currymischungen und ist im Chilipulver und in Chutneys enthalten. Der bitter schmeckende, scharfe Kreuzkümmelsamen ist nicht nur ein Bestandteil unserer industriell hergestellten und auf den europäischen Gaumen abgestimmten Currymischungen. Auch in Indien ist er neben Kurkuma eine der Basiszutaten zu einem guten Marsala.

Verwendung in der Küche

In der indischen, indonesischen und mexikanischen Küche ist der Kreuzkümmel ein Standardgewürz. Man benutzt ihn für Currys, in Mischungen wie Garam masala und Panch phoron ist er unentbehrlich. Er verfeinert indonesische Hammelgerichte, thailändische und malaysische Fisch- und Geflügelcurrys, Satés und mexikanisches Chili con carne.
Zur Geschmacksverbesserung wird er häufig trocken geröstet.
In der nordamerikanischen Küche verwendet man ihn für Pickles, Käse, Fleischkonserven und Würste, und in Holland ist er ein wichtiges Käsegewürz. In der europäischen Küche wird er selten verwendet; man nimmt ihn manchmal zum Einlegen von Kohl.
Eine wichtige Rolle spielt der Kreuzkümmel bei der Zubereitung von magenstärkenden Likören und Kräuterlikören.
Kreuzkümmel ist ein kräftiges Gewürz, das leicht vorschmeckt und andere Gewürze überdeckt. Man sollte es daher sparsam verwenden.

Über unser Rezept

Ganz wichtig: Nehmen Sie niemals Kümmel, wenn in einem Rezept Kreuzkümmel angegeben ist – die beiden Gewürze können einander nicht ersetzen, und der Geschmack wird Sie enttäuschen!
Kreuzkümmel bekommen Sie heute in jedem orientalischen Gemüsegeschäft und natürlich in der Feinkostabteilung großer Warenhäuser.
Kreuzkümmel ist in der Kombination mit Chili ein erstaunlich schmackhaftes Gewürz zu Hackfleisch, das Sie ruhig einmal statt der üblichen Majoran-Thymian-Mischung ausprobieren sollten.
In unserem indischen Gemüsecurry sorgen Kreuzkümmel, Zimt, Nelken, Koriander und Curry für den unverwechselbaren Geschmack – und für die bessere Verdaulichkeit der Nüsse und der Lammkoteletts.

Indisches Gemüsecurry

für 2 Personen

1 große, fein gehackte Zwiebel
2 EL Öl
2 TL Koriander
2 TL Kreuzkümmel
2 TL Currypulver
5 Nelken
1 TL Zimt
150 g Kohl
1 große Karotte
100 g grüne Bohnen
½ Tasse klein gehackte Nüsse
½ Tasse Rosinen
3 Tassen Wasser
1 Tasse Reis
Salz

1 Die Zwiebel in etwas Öl anbraten, die Gewürze dazugeben und unter ständigem Rühren anbraten.

2 Das Gemüse klein schneiden, hinzufügen und bei geringer Hitze braten.

3 Die Nüsse und Rosinen und eine halbe Tasse Wasser hinzufügen, das Ganze schmoren lassen.

4 Wenn das Gemüse halb gar ist, den Reis dazugeben und mit dem restlichen Wasser auffüllen. Eine Prise Salz dazugeben.

5 Das Ganze köcheln lassen, bis das Gemüse und der Reis gar sind. Mit Lammkoteletts servieren.

Kümmel

Carum carvi

Kümmel ist ein altbekanntes, überaus beliebtes Gewürz, das von alters her in allen gemäßigten Zonen des europäischen Kontinents zu Hause ist. Karl der Große schrieb den Kümmelanbau in seinen Gewürzgärten vor. Aber auch in Asien und Nordafrika ist der Kümmel anzutreffen. Die Kümmelpflanze ist ein Doldengewächs, das bis zu einem Meter hoch wird. Sie hat weiße Blüten und gefiederte Blätter, ihre Früchte, die »Kümmelkörner«, riechen aromatisch und schmecken beißend und sehr würzig. Wichtigste Anbauländer sind heute Holland, Deutschland, Polen, Ungarn, Rumänien, aber auch Asien, Nordafrika und Nordamerika. Die Pflanze kommt auch wild wachsend auf Wiesen, Weiden, an Wegrändern und auf Bergwiesen vor.

Heilwirkung

Der Kümmel enthält einen hohen Anteil an ätherischem Öl, das krampflösend wirkt und Blähungen löst. Dieser heilende Effekt des Kümmels war bereits den Ägyptern bekannt. Schon im vermutlich fast 4000 Jahre alten Papyrus Ebers wird der Kümmel als Heilmittel mit krampflösender Wirkung im Magen- und Darmbereich beschrieben. Der Kümmel ist eine eigenwillige Pflanze, über die man einiges wissen muss, um sie richtig anzupflanzen und in der Küche zu verwenden. Seine Heilwirkungen werden heute so beschrieben:

- Kümmel ist ein vorzügliches Mittel gegen Blähungen und Verdauungsprobleme.
- Er wirkt krampflösend auf Magen und Darm und fördert den Appetit.
- Bei stillenden Müttern regt er die Milchbildung an.
- Ferner schreibt man ihm eine antibakterielle Wirkung zu.

Inhaltsstoffe

- *Ätherisches Öl*
- *Flavonoide*
- *Fettes Öl*
- *Gerbstoffe*
- *Bitterstoffe*

Anbau im Gewürzgarten

Die zweijährige Pflanze lässt sich leicht im Garten ziehen. Sie bevorzugt kalkreichen, sandigen Lehmboden und einen sonnigen Standort. Man sät die Samen von Ende März bis Mitte April ins Frühbeet oder von Ende Juli bis Anfang August ins Freie aus, ohne dabei den Samen mit Erde zu bedecken.

Im zweiten Jahr ab Juni können dann die Samen geerntet werden, die Blätter dagegen können sofort verwendet werden. Man sollte es vermeiden, Kümmel neben Fenchel anzupflanzen – die Pflanzen vertragen sich nicht. Zum Trocknen werden die noch nicht vollreifen Samenstände abgeschnitten, gebündelt und zum Trocknen aufgehängt, bis die Früchte nachgereift sind und sich lösen.

Verarbeitung

Kümmel ist ganz oder gemahlen im Handel. Frisch gemahlen haben die Samen das beste Aroma. Sehr gut ist hier eine Gewürzmühle.

Verwendung in der Küche

Wegen seines beherrschenden Geschmacks verträgt sich Kümmel schlecht mit anderen Gewürzen. Ausnahmen sind Knoblauch und Zwiebeln.

Kümmel ist ein ausgesprochen deutsches Gewürz dennoch gibt es so manchen, der Kümmel nicht mag. In diesem Fall hilft ein einfacher Trick: In ein passendes Leinensäckchen gepackt und mit den Speisen mitgekocht, schmeckt der Kümmel viel feiner als in ganzen Früchten.

In der deutschen und österreichischen Küche verwendet man Kümmel zu den verschiedensten Gerichten – zu Kartoffeln, Rote Beete, Kohlgemüse, Sauerkraut, Eintöpfen, Suppen, aber auch zu deftigen Fleischgerichten.

Mit Kümmel gewürztes Gebäck (Kümmelbrezel) und Brot sind eine Köstlichkeit. Vorzüglich passt er auch zu Quark. Kümmelöl spielt in der Likörindustrie eine wichtige Rolle. Er aromatisiert Allasch, Aquavit, Eiskümmel und Berliner Kümmel. Auch einige Kräuter- und Bitterliköre enthalten Kümmel.

Kümmelfleisch

für 4 Personen

750 g Schweineschulter
3 Zwiebeln
1 TL Kümmel
Pfeffer
1 Lorbeerblatt
½ Dose Mischpilze
75 g Butter
½ Bund Petersilie
1 EL Mehl
Salz
⅛ l helles Bier

1 Das Fleisch in Würfel schneiden, die Zwiebeln fein hacken. Kümmel, Pfeffer und das Lorbeerblatt (vorher zerbröseln) untermischen.

2 Die Pilze abgießen, dabei die Brühe auffangen.

3 Die Butter in einem Topf erhitzen, die Zwiebeln darin hell dünsten, das Fleisch dazugeben und drei Minuten hell anbraten.

4 Die Petersilie fein hacken und beiseite stellen.

5 Das Fleisch mit Mehl bestäuben, salzen und fünf Minuten bei geringer Hitze braten. Die Pilzbrühe und das Bier dazugeben und das Ganze zugedeckt ca. fünf Minuten schmoren lassen.

6 Zum Schluss die Pilze und die fein gehackte Petersilie unterrühren. Mit Reis oder Salzkartoffeln servieren.

Über unser Rezept

Kümmel ist bei uns ein klassisches Gewürz für Gemüse- und Kohlgerichte – und das ist gut so, denn Kümmel, verhindert Beschwerden wie Blähungen und Völlegefühl, das sich bei Menschen einstellen kann, die Kohl (oder auch frisches Brot) nicht vertragen.

Mit unserem Rezeptvorschlag stellen wir Ihnen dagegen Kümmel als herzhaftes Gewürz zum Schwein vor.

Muskatnuss

Myristica fragrans

Bei der Muskatnuss handelt es sich um keine »Nuss«, sondern um den Samen einer pfirsichartigen Frucht, die auf dem Muskatbaum wächst. Der Muskatbaum ist ein immergrüner Baum, der bis zu 20 Meter hoch wird und auf den Molukken heimisch ist, heute jedoch auch in Malaysia, Indonesien, Sri Lanka, Westindien und anderen tropischen Gegenden kultiviert wird. Nach Europa kamen die Muskatnüsse im zehnten Jahrhundert. Hildegard von Bingen erwähnte, dass man damals sogar das Bier mit geriebener Muskatnuss würzte. Die Muskatnuss riecht angenehm aromatisch und schmeckt würzig, scharf und leicht bitter. Neben der Muskatnuss gibt es noch die Muskatblüte (Macis); sie schmeckt ähnlich wie die Muskatnuss, nur feiner, ist aber auch teurer.

Heilwirkung

Wichtig im Umgang mit der Muskatnuss ist das richtige Fingerspitzengefühl – jedes Zuviel rächt sich! Wer dies jedoch beachtet und behutsam mit der Muskatnuss würzt, kann Muskat gut in der Diätküche verwenden!

Muskat regt die Produktion der Gallenflüssigkeit an. Deshalb vertragen gerade die sonst so empfindlichen Leber- und Gallepatienten Muskatnuss besonders gut.

- Muskat wird noch heute verschiedenen Kräftigungs- und Magenmitteln zugesetzt.
- Muskat wirkt krampflösend auf Magen und Darm, regt die Verdauung an und lindert Durchfall. Vor größeren Mengen sei jedoch gewarnt.
- Auch äußerlich kann man Muskatnuss anwenden: Neben Kampfer und Eukalyptus wird sie Einreibungen zugesetzt, die erwärmend gegen Rheuma gegeben werden.

Inhaltsstoffe

- *Ätherisches Öl*

Verarbeitung

Muskatnüsse sind ganz oder gemahlen im Handel. Frisch mit der Muskatreibe gerieben, hat sie das beste Aroma. Auch kann sie – im Unterschied zum Pulver – nicht verfälscht werden. Auch Muskatblüten gibt es ganz oder gemahlen, doch das Pulver ist gebräuchlicher.

Verwendung in der Küche

Die Muskatnuss ist in Deutschland überaus beliebt. Sie passt vorzüglich zu Suppen, weißen Gemüsen (Blumen- und Rosenkohl, Spargel, Lauch), Klößen, zu Fleischgerichten und -brühen, aber auch zu Spezialitäten aus Fisch und Wild. Sie gibt vielen Wurstsorten und Fleischprodukten ihre besondere Würze. In Italien wird sie außerdem verwendet, um Ravioli-Füllungen, Gemüsegerichte, Kalbfleisch, Pastasaucen, aber auch Käse zu verfeinern.

In England dagegen ist sie traditionell Bestandteil von Kuchen und Süßspeisen. Sie würzt Honigkuchen, Fruchtkuchen, Fruchtdesserts und Fruchtpunch.

Sehr beliebt ist Muskat auch in den Ländern rund ums Mittelmeer. Und im Mittleren und Fernen Osten darf sie in keiner Küche fehlen.

Ähnlich wie auch der Angelika wurde Muskat übrigens früher eine abtreibende Wirkung nachgesagt, und die Muskatnuss wurde als Bestandteil der gefährlichen selbst gemachten »Abortiva« verwendet.

Vorsicht!

Ein Zuviel (Genuss einer halben geriebenen Muskatnuss) kann Vergiftungserscheinungen auslösen, zu Halluzinationen führen und abtreibend wirken.

Wer den warmen, würzigen Geschmack von Muskat einmal für sich entdeckt hat, wird ihn nicht mehr missen wollen.

Tipp

Auch hier ist weniger mehr! Ein Zuviel an Muskatnuss kann Ihr Gericht leicht verderben.

Stangenspargel mit Spinat

Für 2 Personen

800 g Spargel
1 TL Salz
1 TL Zucker
400 g Tiefkühlspinat
Schwarzer Pfeffer, frisch gemahlen
2 Msp Muskatpulver
2 EL Tilsiter oder einen anderen pikanten Reibekäse
2–3 kleine Kartoffeln pro Person

1 Die Spargelstangen schälen und dann die trockenen Enden abschneiden.

2 Anschließend die Spargel mit Salz und Zucker in leise sprudelndem Wasser bissfest garen.

3 Den Spinat auftauen und mit Salz, Pfeffer und Muskatpulver pikant würzen.

4 Eine flache Auflaufform mit Butter ausreiben. Danach den gekochten Spargel hineingeben.

5 Den Spinat über den Spargel geben und zum Schluss den Tilsiter darüber streuen.

6 Den Auflauf kurz in den vorgeheizten Backofen geben, bis der Käse vollständig zerlaufen ist.

7 Dieses Gericht wird mit neuen Pellkartoffeln oder einfach mit Salzkartoffeln serviert.

Pfefferminze

Mentha piperita

Die Pfefferminze ist eine Kreuzung aus der Wasserminze und der Grünen Minze und den Menschen schon seit Urzeiten bekannt. Die Ägypter wie auch die alten Griechen und Römer kannten sie. Karl der Große und Hildegard von Bingen erwähnen sie. Heute wächst sie in Deutschland, England, Skandinavien, Amerika, aber auch in Nordafrika. In Deutschland spielt sie vor allem als Tee und als Rohstoff für Pfefferminzöl eine große Rolle, unseren Küchen dagegen blieb sie fremd. Doch in England und Amerika, in den Ländern der Levante, des Mittleren Osten und in Indien ist sie sehr beliebt. Die Pfefferminze gehört zur Familie der Lippenblütler; sie wird bis zu einem Meter hoch und hat bläulich lila Blüten. Ihre Blätter riechen stark aromatisch und schmecken erfrischend, leicht pfeffrig, zuerst erwärmend, dann kühlend.

Heilwirkung

Auch wenn die hoch aromatische Pfefferminze kaum eine Verwendung in unserer Küche findet – als Heilmittel fehlt sie in fast keinem Haushalt. Zu Recht, denn Pfefferminztee hilft zuverlässig bei einer Reihe unterschiedlicher Beschwerden.

- Pfefferminze regt die Absonderung von Galle in den Leberzellen an, stärkt den Gallefluss und hilft bei Gallenkoliken.
- Die Pfefferminze ist ein vorzügliches Mittel bei Magenbeschwerden mit Krämpfen, Übelkeit und Erbrechen und Verdauungsstörungen.
- Sie wirkt krampflösend und behebt Blähungen.
- Pfefferminztee mit Honig ist ein »Wundermittel« bei Erkältungskrankheiten sowie bei Schlafstörungen und bei Menstruationsbeschwerden.

Inhaltsstoffe

- *Ätherisches Öl (vor allem Menthol und Menthon)*
- *Gerbstoffe*
- *Flavonoide*

Anbau im Gewürzgarten

Die Pfefferminze lässt sich gut im Garten ziehen. Sie bevorzugt einen humusreichen Boden und einen halbschattigen, windgeschützten Standort. Gepflanzt werden im Frühjahr Stecklinge oder Wurzelausläufer. Der erste Schnitt sollte kurz vor der Knospenbildung bis spätestens Mitte Juli erfolgen – meistens ist ein zweiter Schnitt im September möglich. Alle drei bis vier Jahre sollte die Pflanze durch Teilung der Wurzelstöcke erneuert werden.

Verarbeitung

Frische Minze wird im Sommer gelegentlich auf den Märkten angeboten. Getrocknet und gerebelt ist sie das ganze Jahr über in Kräutergeschäften, Reformhäusern und Apotheken erhältlich. Auch tiefgefroren oder in Öl eingelegt schmeckt sie vorzüglich.

Verwendung in der Küche

Aus der englischen und amerikanischen Küche ist die Pfefferminze nicht wegzudenken. Man verwendet sie für Frucht- und Gemüsesalate, Quarkspeisen, Erbsen, Karotten, Kohl, aber auch zum Bestreuen von Tee, Obstsäften, Punch und Wein. Am bekanntesten ist sie wohl in der berühmten angelsächsischen Mint Sauce, die zu warmem und kaltem Hammel- und Lammbraten gereicht wird. In den amerikanischen Südstaaten gehört Mint Julep, eine Mischung aus Minzeblättern mit Wasser, Zucker und Bourbon-Whisky, seit mehr als einem Jahrhundert zu den beliebtesten Sommergetränken.

Weitere Hochburgen des »Minzekultes« sind die Levante und der Mittlere Osten sowie Indien. Dort bildet sie die Grundlage von Chutneys, verfeinert Kartoffeln, Erbsen, Bohnen, Linsen, Gurken, Tomaten, Auberginen, Möhren und Pilze sowie so manches Hammelgericht.

Unseren Küchen dagegen blieb die Minze fremd, nur in der Heilkunde (als Tee), in der Kosmetik und der Likörindustrie ist sie unentbehrlich. Mit Pfefferminzöl aromatisiert man Liköre, Essenzen, Süßwaren, Mundwässer, Zahnpasten und Arzneimittel.

Bananen-Pfefferminz-Quark

Für 6 Personen

2–3 Bananen
1–2 EL frisch gepresster Zitronensaft
3 Pfirsichhälften
50 ml süße Sahne
500 g Magerquark
3 EL Honig
1 Prise Salz
1 TL frische gehackte Pfefferminze

1 Die Bananen klein schneiden und zusammen mit dem Zitronensaft pürieren.

2 Zwei Pfirsichhälften klein schneiden und mit dem Bananenpüree, der Sahne, dem Quark, dem Honig, dem Salz und den Minzeblättern verrühren.

3 Die übrig gebliebene Pfirsichhälfte in Spalten schneiden und zur Verzierung auf den Quark legen.

Tipp

Zu den wenigen europäischen Ländern, in denen man den Geschmack der Minze liebt, gehört Kärnten, das südliche Bundesland Österreichs. Hier verwendet man die Krause Minze als Gewürz für die Füllung der berühmten »Kärntner Nudeln«.

Über unser Rezept

Tee aus der Krausen Minze ist ein bewährtes Mittel gegen Blähungen.

Die erfrischende und heilsame Wirkung der Pfefferminze können Sie einmal mit diesem Rezept ausprobieren. Die Pfefferminze gibt dem Quark nicht nur eine erfrischende Note. Sie ist – vor allem in der Kombination mit der säuerlichen Zitrone – auch eine interessante Ergänzung zur Süße der Banane und des Honigs.

So wird durch die Würzmischung der sonst leicht pappige Geschmack des Magerquarks verbessert und seine Bekömmlichkeit gesteigert. Unser Rezept ist zudem mit ca. 170 Kilokalorien pro Person ein »Vergnügen ohne Reue«.

Rosmarin

Rosmarinus officinalis

Der Rosmarin-Halbstrauch ist im Mittelmeergebiet heimisch, wird heute aber auch in Ländern gezogen, die ein nicht allzu strenges Klima haben. Nach Mitteleuropa kam er durch die Römer. Bei uns wurde er durch Karl den Großen bekannt. Rosmarin ist eine hübsche Pflanze mit blassblauen Blüten und nadelartigen, ledrigen Blättern, die in unseren Breiten häufig auch als Zierpflanze gezogen wird. In vielen Ländern hatte der Rosmarin wegen seines starken Duftes kultische Bedeutung. Ägypter, Juden, Griechen und Römern galt er als heilig; er versinnbildlichte Liebe und Tod. Nordische Bräute flochten ihn zum Kranz, und Kirchen wurden an Hochzeiten mit ihm ausgeschmückt. Im Mittelalter glaubte man, Rosmarin habe die Kraft, alle bösen Geister zu bannen. Noch heute steckt man am Hochzeitstag einen Rosmarinzweig in den Garten. Rosmarin riecht würzig-aromatisch, etwas an Kampfer erinnernd, und schmeckt herb-würzig, leicht bitter oder scharf.

Heilwirkung

Dank seiner Kombination von ätherischen Ölen, dem Gerbstoff Rosmarinsäure, den Bitterstoffen und Flavonoiden (Seite 11) wirkt Rosmarin krampflösend, regt den Appetit an, steigert die Magensaftsekretion und regt den Gallefluss an.

- Er gilt als vorzügliches Mittel bei Kreislaufschwäche und niedrigem Blutdruck.
- Rosmarin lindert krampfartige Magen-Galle-Beschwerden und Völlegefühl.
- Rosmarintee hilft bei nervösen Kopfschmerzen.
- Ein Bad mit Rosaminaufguss regt den Kreislauf an und erfrischt nach einem anstrengenden Tag.
- Spülungen mit Rosmarintee sollen den Haarwuchs anregen.

INHALTSSTOFFE

- *Ätherisches Öl (Kampfer)*
- *Gerbstoffe*
- *Bitterstoffe*
- *Flavonoide*

Anbau im Gewürzgarten

Am besten zieht man Rosmarin im Blumentopf oder Kübel. Für den Gartenanbau ist Rosmarin zu empfindlich und wintert schon in mäßig kalten Zeiten aus. Man kann ihn aus Stecklingen oder aus bewurzelten Pflanzenteilen ziehen; als typische Mittelmeerpflanze bevorzugt er einen trockenen, kargen, kalkreichen Boden und Sonne sowie einen warmen Ort zum Überwintern. Geerntet werden die nichtverholzten Triebspitzen. Zum Trocknen hängt man die Zweige gebündelt an einem luftigen, trockenen Ort auf und streift anschließend die Blätter ab.

Aufbewahrung

Bei richtiger Lagerung behält Rosmarin lange sein Aroma: Unbedingt rasch in kleinere, lichtundurchlässige Behälter geben und diese nie zu lange offen stehen lassen.

Verarbeitung

Rosmarin ist frisch, getrocknet und als Pulver im Handel. Als Pulver verliert er schnell sein Aroma. Getrocknet dagegen büßt er nur wenig von seinem Geschmack ein. Rosmarin kann auch in Essig oder Öl eingelegt sowie tiefgefroren werden.

Verwendung in der Küche

Vor allem in der italienischen und französischen Küche wird Rosmarin gerne verwendet. Lamm- und Hammelfleischgerichte sind ohne ihn nicht denkbar. Rosmarinzweiglein werden in das Innere von Hähnchen versenkt, man gibt sie an Suppen oder Schmorgerichte und umwickelt damit so manchen Braten.

Rosmarin wird dem Bouquet garni beigefügt. Rosmarin verfeinert Gemüsesuppen, Gemüse- und Fleischeintöpfe, alle Schmorgerichte vom Ochsen, Kalb und Schwein. Geflügel und Wild gewinnen durch ihn. Er ist eine unentbehrliche Beigabe zur Ratatouille und Salat, man streut ihn über Bratkartoffeln und Pizza.

In England und Amerika ist Rosmarin ein beliebtes Hammelfleischgewürz.

Eieromelett mit Rosmarin

Für 4 Personen

Für die Füllung:

150 g magerer Wurstaufschnitt
150 g Pilze
1 EL fein gehackte Zwiebeln
30 g Butter
2 EL Tomatenpüree
1 Zweig Rosmarin
Salz und Pfeffer
50 g geriebener Käse (pikanter Gouda, Greyerzer)

Für die Omeletts:

6 Eier
4 EL Sahne
1 TL Salz
1 Msp weißer Pfeffer
3 EL Butter

1 Den Wurstaufschnitt in dünne Streifen schneiden, die Pilze waschen und vierteln. In der Zwischenzeit die Zwiebel in der Butter glasig dünsten.

2 Das Tomatenpüree und die Pilze zugeben und kurz anschwitzen lassen.

3 Den Aufschnitt mit den Gewürzen zugeben und alles zugedeckt sechs bis acht Minuten dünsten lassen.

4 Die Eier mit der Sahne, dem Salz und dem Pfeffer verquirlen. Den Backofen auf 100 °C vorheizen.

5 Knapp ein Viertel der Butter in einer Pfanne erhitzen, ein Viertel der Eimasse hineingießen und die Pfanne leicht schütteln.

6 Die Eimasse fest werden lassen, die Oberfläche soll jedoch noch glänzen.

7 Jedes Omelett auf einen vorgewärmten Teller geben und im Backofen warm halten, bis alle Omelettes gebraten sind.

8 Die Pilzfüllung auf die Omeletts geben, die Omeletts zusammenklappen und mit geriebenem Käse bestreuen.

Zitronenmelisse

Melissa officinalis

Die Zitronenmelisse stammt vermutlich aus dem Mittelmeergebiet und aus Westasien, kommt heute jedoch vor allem in Südeuropa vor. Sie wird bis zu einem Meter hoch, hat grüne, schwach behaarte Blätter und blüht weiß, gelb oder rosa. Die Pflanze aus der Familie der Lippenblütler ist bei uns unter ganz verschiedenen Namen bekannt. Man nennt sie »Bienenkraut«, »Frauenwohl«, »Herztrost«, »Zitronenkraut« und »Zitronenmelisse«. Sie ist seit alters her ein hochangesehenes Heil- und Würzkraut. Die alten Griechen und Römer schätzten sie, und die Hildegard von Bingen nannte sie ein Mittel, das durch »die Wärme die Milz angreift und dadurch das Herz freudig macht«. Bei den mittelalterlichen Kräuterbuchautoren galt sie vor allem als »Mutterkraut«. Die Zitronenmelisse schmeckt angenehm würzig, erfrischend und an Zitrone erinnernd.

Heilwirkung

Zitronenmelisse erfreut sich wieder so großer Beliebtheit, dass man sie sogar im Aufgussbeutel erhält. So ist in kürzester Zeit ein Tee bereitet, der in erster Linie beruhigend und entspannend wirkt. Selbst bei starker nervlicher Anspannung und nervöser Schlaflosigkeit hilft nach Apotheker Pahlow eine Melissenteekur. Täglich drei Tassen trinken. Ebenso günstig beeinflusst die Zitronenmelisse nervöse Magen- und Darmbeschwerden.

- Die Zitronenmelisse ist ein vorzügliches Mittel bei kolikartigen Magen- und Darmbeschwerden, Blähungen und Völlegefühl.
- Ferner soll sie Nervenschwäche, Herzbeschwerden, Migräne und Schlaflosigkeit beheben.
- Nach Infektionen wirkt sie kräftigend.
- Melissenbäder regen den Organismus an!

Inhaltsstoffe

- *Ätherisches Öl*
- *Gerbstoffe (u. a. Rosmarinsäure)*
- *Bitterstoffe*

Anbau im Gewürzgarten

Die Zitronenmelisse lässt sich gut im Blumentopf oder Kräuterbeet ziehen. Sie verlangt lockeren, humusreichen Boden und einen sonnigen Standort. Man kann sie aus Samen ziehen oder junge Pflänzchen setzen. In jedem Fall muss die Zitronenmelisse im April ins Beet gesetzt werden, dann kann man schon ab Mai die zarten Blätter ernten.
Die Ernte sollte immer vor der Blüte erfolgen, weil dann das Aroma am ausgeprägtesten ist.

Verarbeitung

Die Zitronenmelisse ist frisch den ganzen Sommer über auf den Märkten erhältlich. Getrocknet erhält man sie in Kräuterfachgeschäften und Apotheken. In der Küche wird vor allem das frische Kraut verwendet. Auch tiefgefroren kann man sie benutzen.

Tipp

Wenn Sie Zitronenmelisse kaufen, dann sollten Sie möglichst kleine Mengen nehmen. Bei zu langen Lagerzeiten verliert die Melisse sonst ihr Aroma – den intensiven Zitronengeschmack.

Verwendung in der Küche

Die Zitronenmelisse schmeckt angenehm nach Zitrone und passt sehr gut zu Omelettes, frischem Salat, und zu fast allen Kräutersaucen. Zitronenmelisse gibt Kräuterquark und Jogurt mehr Frische. Sie bereichert aber auch Wildgerichte, Gemüse und Pilzspeisen. Frisch an die fertigen Speisen gegeben, schmecken die hübschen Blätter der Zitronenmelisse am besten.

Über unser Rezept

Diese Aprikosenkonfitüre hat ein besonders fruchtiges und raffiniertes Aroma, das sie nicht zuletzt dem Cointreau verdankt, der den frischen Geschmack der Melisse hervorhebt. Bekannter dürfte eine andere »Gemeinschaft« von Melisse und Alkohol sein – der Melissengeist. Viele Jahrhunderte wuchs die Melisse nämlich im Verborgenen, bis die Karmeliter ihre Heilwirkung entdeckten. Noch heute wird der weltberühmte Meslissengeist nach einem ihrer Rezepte hergestellt: 150 Teile Spiritus, 250 Teile Wasser, 15 Teile Melisse, 12 Teile Zitronenschale, 6 Teile Muskatnuss und jeweils 3 Teile Zimtkassia und Gewürznelken.
Dieses sehr gehaltvolle »Wasser« hat eine kräftigende Wirkung, die vor allem nervösen und erschöpften Menschen gut tut. Vorsicht ist allerdings geboten, damit der Griff zur Flasche mit dem Melissengeist nicht zur Gewohnheit wird – es hat so mancher Alkoholiker mit dieser »Medizin« begonnen.

Aprikosen-Zitronenmelisse-Konfitüre

Für 4 bis 6 Gläser

1 kg Aprikosen
1 Päckchen Gel-fix
1 kg Zucker
2 Bund fein gehackte Zitronenmelisse
3 Schnapsgläschen Cointreau

1 Die Aprikosen in heißem Wasser blanchieren (kurz in kochendes Wasser tauchen, anschließend sofort in eiskaltes Wasser geben), enthäuten, entsteinen und in kleine Würfel schneiden. Je kleiner die Fruchtwürfel sind, desto feiner wird die Konfitüre.

2 Die Früchte mit Gel-fix und zwei Esslöffeln Zucker mischen, die Zitronenmelisse hinzufügen. Diese Mischung aufkochen lassen.

3 Den restlichen Zucker einrühren, alles noch einmal aufkochen und eine Minute weiterkochen lassen, dann den Cointreau hinzugeben.

4 Die Konfitüre heiß in vorbereitete Gläser füllen und sofort verschließen.

Mit Zironenmelisse lassen sich Desserts verfeinern und verschönern. Außerdem wird sie gerne als attraktive Beigabe für Bowle verwendet.

Gewürze mit schleimlösender Wirkung

Unter den Gewürzen mit schleimlösender Wirkung seien vor allem Anis und Thymian genannt. Beide sind seit ältester Zeit hoch angesehene Gewürze. Weniger bekannt ist ihre schleimlösende, auswurffördernde Wirkung bei Husten, Bronchitis, Luft- und Kehlkopfkatarr. Doch auch Safran und die heute weit weniger bekannten Gewürze Alant und Quendel sind bedeutende Heilpflanzen. Neben ihren meist breit gefächerten Anwendungsgebieten befreien auch sie wirksam unsere Atemwege, wenn sich Erkältungskrankheiten in den oberen Luftwegen festgesetzt haben.

Alant
Inula helenium

Dieses uralte Würzkraut stammt aus Zentralasien und Südosteuropa. Heute ist es auch in Nordamerika, Kleinasien und Mittel- und Nordeuropa verbreitet. Die Pflanze wird bis zu zwei Meter hoch, hat haarige Stängel und Blätter und gelbe Blüten. Sie kommt wild, aber auch angebaut vor. Hauptanbaugebiete sind China, die Staaten der GUS, Bulgarien, aber auch Holland, Belgien, Frankreich, Deutschland und Polen. Alant ist seit den ältesten Zeiten ein hochangesehenes Heil- und Würzkraut. Die Römer schätzten ihn sehr, im deutschen Mittelalter benutzte man die Wurzel hauptsächlich zum Weinwürzen. Die Heilige Hildegard verwendete Alant bei Lungenleiden und Krätze, Matthiolus rühmte ihn als herzstärkendes, nieren- und blasenreinigendes, schleim- und galleabführendes Allheilmittel. Das Würzkraut riecht eigentümlich aromatisch und schmeckt würzig-bitter.

Heilwirkung

Die Hauptwirkstoffe des Alants sind das in den Wurzeln enthaltene ätherische Öl und das Inulin, das der Alant wie andere Korbblütler auch speichern kann.

- Der Alant gilt als ein vorzügliches Hustenmittel – Bronchialkatarr, Bronchialasthma, Luftröhren- und Kehlkopfkatarr und selbst Keuchhusten sind seine Haupteinsatzgebiete.
- Ferner wirkt Alant antiseptisch auf Keime in den Nieren und den Harnwegen.
- Alantwein fördert die Verdauung und stärkt Herz und Kreislauf.

Zur Ausleitung des Harnstoffs wird ein Absud empfohlen: Lassen Sie zehn Gramm Alantwurzeln in einem Liter Wasser für zwei Minuten kochen und für weitere zehn Minuten ziehen. Einmal täglich eine Tasse in kleinen Schlucken trinken.

Inhaltsstoffe

- *Ätherisches Öl (u. a. Alantkampfer)*
- *Inulin*
- *Bitterstoffe*
- *Schleim*

Anbau im Gewürzgarten

Alant lässt sich gut im Garten ziehen, braucht aber sehr viel Platz und einen feuchten, halbschattigen Standort. Für die Anzucht verwendet man Setzlinge aus der Gärtnerei oder Wurzelstöcke. Wild wachsend ist er an Ufergebüschen, Hecken und Zäunen anzutreffen.

Verarbeitung

Verwendet werden die Wurzeln von zwei- bis dreijährigen Pflanzen. Sie werden im Frühjahr oder Herbst geerntet, zerkleinert und bei milder Hitze getrocknet. Man kann die Wurzel auch im Kräuterladen oder in der Apotheke kaufen.

Verwendung in der Küche

In der Küche wird Alant nur noch selten benutzt. In früheren Zeiten galt kandierter Alant als Leckerbissen, man verwendete die Wurzel für zahlreiche Süßspeisen und die Blätter als Zutat zu Suppen, Saucen und Salaten. Sehr beliebt war auch der Alantwein. So gab es im 1421 in Wörth an der Donau eine herzoglich bayerische Alantweinsiedlung. Heute wird die Alantwurzel vor allem in der Medizin und der Likörindustrie benutzt. Bitter- und Abteiliköre werden mit ihr aromatisiert.

VORSICHT

Der Alant muss mit Vorsicht genossen werden, da viele Menschen auf Alant mit Allergien reagieren. Überdosierungen führen zu Erbrechen und Magenschmerzen.

Über unser Rezept

Wie bei allen selbst hergestellten Spitituosen sollte man auch beim Ansetzen und Lagern des Alantweins folgende Geräte und Utensilien im Haus haben: ein großes Weckglas mit Deckel, einen geeigneten Filter mit Filterpapier oder ein Gefäß, in dem Sie den Ansatz durch ein sauberes Tuch abseihen können, und nicht zuletzt eine möglichst lichtundurchlässige Flasche, die sich leicht öffnen und schließen läßt.

Alantwein war noch vor etwa 100 Jahren ein Stärkungsmittel, das in keinem Haushalt fehlen durfte.

Alantwein

60 g Alantwurzel (aus der Apotheke)
1 l Weißwein
1 Sträußchen getrockneter Thymian (3 bis 4 Tage nach dem Ansetzen des Weins kaufen)

1. Reinigen Sie die Alantwurzeln gründlich, und trocknen Sie sie im Backofen bei etwa 50 °C.

2. Schneiden Sie die Alantwurzeln in kleine Stücke, und setzen Sie sie zusammen mit dem Weißwein drei bis vier Tage lang in einem geeigneten Gefäß mit Deckel an.

3. Nach Ablauf der drei, besser vier Tage Gärzeit holen Sie frischen Thymian vom Markt. Anschließend öffnen Sie das Sträußchen und entfernen alle Blätter, die bereits welk sind.

4. Danach geben Sie den Thymian hinein.

5. Diesen erweiterten Ansatz lassen Sie nochmals zwei bis drei Tage an einem ruhigen, kühlen Ort ziehen.

6. Zum Schluss seihen (filtern) Sie den Wein in eine saubere Flasche, die Sie gut verschließen können.

TIPP

Alantwein schmeckt angenehm bitter-würzig und gilt als hervorragendes herzstärkendes Mittel!

Anis

Pimpinella anisum

Die Heimat des einjährigen Doldengewächses ist vermutlich Ägypten, von dort breitete sie sich in ganz Süd- und Mitteleuropa aus. In Deutschland wurde Anis durch Karl den Großen und die Benediktiner bekannt. Heute wird Anis im gesamten Mittelmeergebiet, im Vorderen Orient, in Indien und in den südlichen Ländern der ehemaligen Sowjetunion angebaut. Der bei uns erhältliche Anis stammt in der Regel aus Ägypten und der Türkei sowie aus Spanien und Italien. Botanisch ist Anis mit Kümmel, Kreuzkümmel, Dill und Fenchel verwandt. Die Pflanze wird einen halben Meter hoch, hat hellgrüne gefiederte Blätter und weiße Blüten. Die ovalen, gelbbraunen Samen reifen im Hochsommer, duften würzig-süßlich und erinnern deutlich an Lakritze.

Heilwirkung

Eine willkommene Besonderheit des Anis ist, dass er nicht nur gute Heilkräfte hat, sondern auch noch gut schmeckt! Anistee, der in seiner Wirkung allein nicht stark ist, kann durch Mischung von gleichen Teilen Anis:Fenchel:Kümmel zu einem sehr guten Heilmittel bei Blähungen werden.
Über die Heilkräfte des Anis wusste schon der berühmte Kräuterforscher Hieronymus Bock 1577 zu berichten: »Aenis samen oder ein confect daruon / ist nicht allein lieblich / sonder auch sehr nützlich / allen denen so ein bösen stinkenden Athem / haben / vnd nicht wol schlaffen mögen.«

- Anis ist ein wichtiger Bestandteil von Hustenteemischungen; er soll Husten lindern und Schleim lösen. Als Mittel bei Husten trinkt man reinen Anistee, den man nach Apotheker Pahlow zehn Minuten ziehen lässt. Mit Honig süßen und zwei bis fünf Tassen täglich trinken.

Inhaltsstoffe

- *Ätherisches Öl*
- *Fettes Öl*
- *Eiweiß*
- *Zucker*

Anbau im Gewürzgarten

Anis ist ein hübsches Gewächs und lässt sich an einem sonnigen, windgeschützten Platz gut aus dem Samen ziehen. Die Pflanze braucht wenig Wasser, aber einen lockeren, kalkhaltigen und nährstoffreichen Boden.

Die Samen werden Anfang bis Ende April ausgesät. Im Spätsommer können die Dolden schon kurz vor der Reife geerntet werden. Man bündelt sie und hängt sie trocken und luftig auf, bis die Samenkörner ausgereift sind und von selbst herausfallen.

Aufbewahrung

Die getrockneten Samen können in einem luftdicht verschlossenen Behälter ein halbes Jahr aufbewahrt werden.

Verwendung in der Küche

In Deutschland verwendet man Anis vor allem als Gewürz für Gebäck (Weihnachtsgebäck und Lebkuchen), Süßspeisen, Cremes und Brot. Sehr beliebt sind Anisplätzchen, -zwieback und -brezeln sowie Anisbrot.

In manchen Gegenden würzt man Rotkohl, Gurken, Kürbis und Pilze mit Anis. Das Kraut macht schwer verdauliche Kohlgerichte (Eintöpfe, Krautsalat, Sauerkraut) bekömmlicher und verfeinert Zwetschgenmus und Obstsuppen.

Im Fernen Osten würzt man mit Anis Currys, aber auch zahlreiche Fisch- und Gemüsegerichte.

- Als ganzer Samen schmeckt Anis am aromatischsten, gemahlener Anis verliert schnell sein Aroma. Man mahlt daher am besten die Samen kurz vor Bedarf oder zerstößt sie im Mörser.

Über unser Rezept

Dieser saftige Kuchen hat einen kräftigen Anisgeschmack. Jeder, der sich das ganze Jahr auf Weihnachtsgebäck mit Anis freut, wird begeistert sein. Vor allem, weil man ihn mit diesem einfachen Rezept leicht und schnell nachmachen kann. Als Nachspeise regt ein Stück Aniskuchen die Magen- und Darmtätigkeit an und wärmt den Organismus.

Tipp

In Indien kaut man Anissamen für eine gute Verdauung und einen frischen Atem.

Anis wird auch zum Würzen von Saucen, Suppen und Kohlgerichten verwendet.

Aniskuchen

1 Vanilleschote
2 EL Zitronensaft
370 g Butter
370 g Staubzucker
6 Eier
420 g Mehl
25 g Anis
½ TL Backpulver

1. Die Vanilleschote mit einem Messer der Länge nach aufschneiden und das Mark herauskratzen.
2. Mit zwei Esslöffeln Zitronensaft vermischen.
3. Die weiche Butter und den Zitronensaft mit dem Vanillemark sowie den Zucker in eine Rührschüssel geben und so lange rühren, bis eine schaumige, leicht cremige Masse entsteht.
4. Anschließend die Eier zu der schaumigen Buttermasse geben und glatt rühren.
5. Nun das Mehl mit Anis und dem Backpulver mischen und unter den Teig rühren.
6. Eine Kuchenform mit Backpapier auslegen und die Masse hineingeben.
7. Den Kuchen im vorgeheizten Backofen bei 160 °C 40 Minuten backen.
8. Den Kuchen aus der Backform nehmen und erst, wenn er gut abgekühlt ist, mit Puderzucker verzieren.

Fenchel

Foeniculum vulgare

Fenchel ist eine uralte Gewürz- und Heilpflanze. Die ersten Hinweise auf den Fenchel stammen aus der ägyptischen Frühzeit. Den alten Römern und Griechen war Fenchel ebenfalls bekannt, und in Deutschland ordnete Karl der Große den Anbau der Gewürzpflanze auf seinen Gütern an. Botanisch gesehen gehört der Fenchel wie Anis, Kümmel und Dill zur Familie der Doldengewächse. Die Pflanze wächst wild ebenso wie als Kulturpflanze in Gärten und Feldern. Sie ist in West- und Mitteleuropa, im ganzen Mittelmeergebiet, aber auch in Südafrika, China, Neuseeland, Nord- und Südamerika und in Ostindien anzutreffen. Fenchel riecht angenehm aromatisch und schmeckt würzig-lieblich, stark an Anis erinnernd. Die Fenchelpflanze hat gefiederte Blätter, sie blüht gelb und kann bis zu 1,80 Meter hoch werden.

Heilwirkung

Der Hauptwirkstoff des Fenchels ist – neben Eiweiß, Mineralstoffen und Zucker – ein ätherisches Öl, das dem ätherischen Anisöl sehr ähnlich ist.
Die Wirkung des Fenchels als Schleimlöser ist so gut, dass bis heute Fenchelbonbos hergestellt werden, die den Husten lösen helfen.
Wenig bekannt ist die augenstärkende Wirkung des Fenchels. Fenchelwasser lindert Augenentzündungen.

- Fenchel ist ein wichtiger Bestandteil von Hustenteemischungen.
- Fenchel hilft gegen Magenverstimmungen und Blähungen, bei Kleinkindern wirkt er beruhigend.
- Fencheltee ist ein »Geheimtipp« für alle, die an Kopfschmerzen leiden, die auf Verdauungsproblemen beruhen.

Inhaltsstoffe

- *Ätherisches Öl*
- *Fettes Öl*
- *Eiweiß*
- *Mineralstoffe*
- *Zucker*

Anbau im Gewürzgarten

Die mehrjährige, in Deutschland aber meist zweijährig angebaute Fenchelpflanze lässt sich im Garten leicht ziehen, braucht jedoch viel Platz. Sie liebt nährstoffreichen, kalkhaltigen Boden und viel Wärme und Sonne. Aus dem Fenchelsamen werden im ersten Jahr Stecklinge gezogen, aus denen sich im zweiten Jahr fruchttragende Fenchelpflanzen entwickeln. Ab Juli etwa blüht die Pflanze, die Früchte werden jedoch erst im September geerntet. Dazu schneidet man die ganze Dolde ab und pflückt die festsitzenden Samen einzeln von Hand.

Verarbeitung

Fenchelsamen sind fast das ganze Jahr über ganz oder gemahlen auf dem Markt erhältlich, seltener gibt es das frische Kraut.

Verwendung in der Küche

Beim Fenchel finden sowohl die Blätter und Stängel als auch die Samen Verwendung. Die frischen Blätter mit ihrem anisähnlichen Geschmack werden gehackt und an Saucen und Fischgerichte gegeben. Man würzt mit ihnen fette Fleischgerichte und viele Gerichte mit Hülsenfrüchten. Aber auch als Salat und feines Gemüse schmecken die Blätter und Stängel vorzüglich. Die Samen hingegen sind in der Bäckerei (Kekse, Plätzchen, Brot) sehr beliebt. Außerdem wird das Gewürz für Suppen, Saucen, Gemüse- und Fischgerichte sowie Eingemachtes verwendet. In der indischen, indonesischen und malaysischen Küche würzt man mit Fenchelsamen Fischcurrys, Hummer und Garnelen. Beliebt ist Fenchel in der italienischen Küche, dort würzt man mit Fenchelsamen sogar eine Salamisorte.

Vorsicht!

Beim Genuss größerer Mengen von Fenchel können allergische Reaktionen der Haut und Atemwege auftreten. Schwangere sollten Fenchel deshalb lieber meiden!

Griechischer Fenchel-Salat

Für 4 Personen

Für die Salatsauce:

3 grüne längliche Peperoni
6 EL Olivenöl
Pfeffer und Salz
1 Knoblauchzehe
1 Zweig Thymian und Oregano
4 EL Balsamico-Essig

Für den Salat:

3 Fenchelknollen mit Grün (etwa 400 g)
1 TL Fenchelsamen
1 Schikoree
1 Hand voll Feldsalat
1 rote Zwiebel
200 g griechischer Schafskäse
2 Zweige glattblättrige Petersilie
15 blaue Trauben

1 Den Backofen auf 225 °C vorheizen. Die Peperoni mit Olivenöl bepinseln und mit Salz bestreuen. Auf ein mit Backpapier belegtes Blech geben und im oberen Teil des Ofens 15 bis 20 Minuten rösten, bis die Haut Blasen wirft.

2 Peperoni aus dem Ofen nehmen und unter einem feuchten Tuch auskühlen lassen. Den Ofen auf 175 °C herunterschalten.

3 Die Haut der Peperoni abziehen, die Peperoni halbieren und die Kerne entfernen, das Fruchtfleisch in Streifen schneiden .

4 Die so vorbereiteten Peperoni zusammen mit dem Knoblauch, den abgezupften Kräuterblättchen und dem Essig im Mixer pürieren. Das Öl dabei langsam zugeben und die Sauce mit Pfeffer und Salz abschmecken.

5 Fenchelkraut entfernen und aufheben. Fenchelknollen längs in dünne Scheiben schneiden, die Samen rösten.

6 Den Strunk des Schikorees keilförmig ausschneiden und die Blätter ablösen. Den Feldsalat gründlich waschen, die Zwiebel in feine Ringe schneiden, den Feta würfeln, die Petersilie fein wiegen und die Trauben waschen.

7 Alle Salatzutaten behutsam miteinander vermischen, und den Salat mit den Fenchelblättern garnieren.

Quendel

Thymus serpyllum

Der Quendel gehört zur Familie der Lippenblütler und ist mit dem Gartenthymian (Thymus vulgaris) *verwandt. Er wächst bei uns wild an warmen, sonnigen Böschungen, an Mauern, Wegrändern und Ameisenhaufen. Der ausdauernde, immergrüne Halbstrauch ist seit Urzeiten ein angesehenes Heilkraut. Die alten Römer, Griechen und Germanen hielten viel von ihm. Plinius empfahl ihn gegen Schlangenbisse und Skorpione, im deutschen Mittelalter galt er als harntreibendes, schmerzstillendes, magenstärkendes und schleimlösendes Allheilmittel. In der Küche wird der Quendel wie der Thymian verwendet, doch duftet und schmeckt er schwächer als der Gartenthymian. Auch in der Pflanzenheilkunde findet eher der Gartenthymian Verwendung. Quendel riecht aromatisch, an Zitrone erinnernd und schmeckt leicht bitter und nach Kampfer.*

Heilwirkung

Sogar das BGA (Bundesgesundheitsamt) erkennt Quendel als Heilmittel bei Katarren der oberen Luftwege an. Die heilende Wirkung des Quendel-Tees beruht in erster Linie auf seinem ätherischen Öl, das dem des Thymians (Seite 98) ähnlich ist.
Quendel wirkt ähnlich wie der Thymian, nur schwächer.
In der modernen Phytotherapie wird Quendel bei Erkrankungen der Lunge und der Bronchien sowie des Magen- und Darmtraktes eingesetzt.

- Er gilt als vorzügliches schleimlösendes und auswurfförderndes Hustenmittel.
- Der Quendel verhütet Blähungen und wirkt beruhigend und entspannend bei Krämpfen in Magen und Darm.
- Überdies hat er antibakterielle, also desinfizierende, Eigenschaften.

Inhaltsstoffe

- *Ätherisches Öl*
- *Gerbstoffe*
- *Bitterstoffe*
- *Flavone*

Anbau im Gewürzgarten

Quendel kann wie der Gartenthymian im Gewürzgarten kultiviert werden. Er verlangt trockene, steinige und sonnige Standorte. Auch in der freien Natur ist er häufig anzutreffen. Die Blütezeit beginnt im Juni und reicht bis in den Herbst hinein. Geerntet wird das ganze Kraut zur Blütezeit. Quendel kann wie Thymian getrocknet werden. Man hängt das Kraut gebündelt an einem luftigen, schattigen Ort zum Trocknen auf.

Verarbeitung

Quendel wird auf den Märkten eher selten angeboten. Man verwendet ihn frisch und getrocknet. Beim Trocknen der selbst gesammelten Ernte empfiehlt es sich, einen Teil ganz und den Rest gerebelt aufzubewahren.

Verwendung in der Küche

Quendel passt wie der Thymian fast überall hin, will jedoch sparsam verwendet werden. Sehr gut verträgt sich der Quendel mit deftigen, schwer bekömmlichen Speisen. Man verwendet ihn für rotes Fleisch und Wild, für Fisch- und Geflügelfarcen, Suppen und dunkle Saucen. Er passt zu Gemüse, Kohlgerichten und Tomaten. Hackfleisch, Hammel, aber auch Bratkartoffeln und Salate erhalten durch Quendelwürze eine pikante Note.
Eine große Rolle spielt das Kraut auch in der Likörfabrikation. Quendeldestillat oder -mazerat findet sich in so manchem Kräuter- oder Bitterlikör, beispielsweise im Alpenkräuterlikör, im berühmten Chartreuse und im Stonsdorfer Bitter.

Über unser Rezept

So haben Sie Béchamelsauce sicher noch nie erlebt! Der frische Quendel verleiht der klassischen weißen Sauce eine ganz neue, würzige Note, die durch die Beigabe eines kräftigen Rotweins noch verstärkt wird. So passt diese Béchamel besonders gut zu Fleischgerichten, die nach einer gehaltvollen Sauce verlangen. Eine köstliche Ergänzung dazu wären noch gratinierte Kartoffeln. Probieren Sie die Sauce auch als Füllung in der Lasagne.

Tipp

Diese Béchamel passt auch hervorragend zu Vollwertgerichten wie z. B. Puffern aus Hülsenfrüchten, Zucchini oder geschrotetem Getreide.

Quendel kann man auch zum Würzen von Schafs- und Ziegenkäse verwenden.

Béchamelsauce mit Quendel

Für 2–4 Personen

- *1 Zwiebel*
- *40 g Butter*
- *40 g Dinkelmehl*
- *½ l Milch*
- *1 TL frischer Quendel*
- *1 Msp Kreuzkümmel*
- *1 Prise Salz*
- *1 großer Schluck Rotwein*

1. Die Zwiebel schälen und fein hacken.
2. Das Butterstück in einem tiefen Topf bei guter Mittelhitze erhitzen.
3. Die Zwiebel in der geschmolzenen Butter andünsten.
4. Das Mehl in den Topf geben und unter Rühren zwei bis vier Minuten anschwitzen.
5. Nach und nach den halben Liter Milch dazugeben. Die ganze Zeit über Rühren und aufpassen, dass keine dicken Klumpen entstehen.
6. Wenn die Sauce dicksämig und fertig ist, den Topf von der Herdplatte nehmen.
7. Anschließend den Quendel und den Kreuzkümmel einrühren.
8. Die Sauce mit Salz und Rotwein abschmecken.

Diese Sauce verleiht nicht nur Hackbraten oder einer zarten Lammkeule einen Hauch von Gourmetküche.

Safran

Crocus sativus

Vermutlich stammt der Safran aus Kleinasien, heute wird er in allen Mittelmeerländern, in Frankreich, Österreich, Persien und Nordafrika angebaut. Die Zwiebelpflanze aus der Krokusfamilie wird seit Jahrtausenden als das vornehmste, als wahrhaft königliches Gewürz angesehen. Warum der Safran als so kostbar gilt, ist leicht zu verstehen. 80 000 gelbrote Blütennarben der Safranpflanze ergeben erst ein Kilogramm getrocknete Ware. Safran riecht kräftig und schmeckt würzig, bitter und scharf und ist wunderbar gelb. Er ist ein hervorragendes Färbemittel. Seine gelbe Farbe färbt helle Saucen und Reis und gibt so manchem Gericht eine pikante Farbe und ein appetitliches Aussehen. Die besten Safransorten kommen aus Frankreich, Spanien, Österreich und Persien. Je nach Aufbereitung wird zwischen griffelfreiem Safran und naturellem Safran, der schlechteren Sorte, die noch Griffelreste enthält, unterschieden.

Heilwirkung

Safran hat eine erstaunlich milde, beruhigende Wirkung, die in jedem Gericht zum Tragen kommt, dem er beigegeben wird. In der Heilkunde schätzte man ihn daher lange als natürlichen Schmerzstiller und Krampflöser. In der modernen Phytotherapie spielt er keine Rolle mehr – dafür ist er als Gewürz umso beliebter geworden.

Inhaltsstoffe

- *Ätherisches Öl (Safranal)*
- *Gelbe, wasserlösliche Farbstoffe (Crocetin, Crocin)*
- *Bitterstoffe*

- Man schreibt dem Gewürz schmerzstillende und krampflösende Wirkung bei Keuchhusten, Asthma bronchiale und Krampfhusten zu.
- Safran regt Appetit und Verdauung an, lindert Magen- und Darmkoliken und hilft bei Menstruationsproblemen.
- In China ist Safran vor allem als herzstärkendes Mittel bekannt.

Verarbeitung

Das Gewürz ist in Fäden und als Pulver im Handel. Die Fäden sind orange, manchmal gelb und etwa zweieinhalb Zentimeter lang. Dunkle Fäden sind aromatischer als helle. Man sollte nach Möglichkeit die Fäden verwenden, da Pulver leicht verfälscht werden kann. Das Gewürz ist sehr teuer, doch genügen in der Regel ein paar Fäden bzw. eine Messerspitze des Pulvers. Safran ist lichtempfindlich und muss dunkel aufbewahrt werden.

Verwendung in der Küche

Als Gewürz ist der Safran sehr umstritten. Manche halten ihn für ein wahrhaft königliches Gewürz, andere, wie der berühmte Gastrosoph C.F. von Rumohr, schätzen seine Würzkraft eher gering ein: »Safran ist eine alberne Würze, welche wohl nur der schönen Farbe willen in manchen Ländern gesucht ist; denn der Geschmack ist zwar schwach, doch nicht angenehm.« Tatsächlich war es die Färbekraft, die den Safran so populär machte. Seine gelbe Farbe färbt helle Suppen (Blumenkohlsuppe, Spargelsuppe, klare Suppen), auch Reis erhält durch ihn eine appetitliche Färbung. Man verwendet ihn für Backwerk (»Safran macht den Kuchen geel«), aber auch für Hammel, Lamm und Hühnerfleisch. Besonders beliebt ist Safran in der indischen Küche, wo er den Festtaggsreis sowie feine Süßigkeiten schmückt.

In Europa kommen drei Nationalgerichte nicht ohne ihn aus: die spanische Paella, die provenzalische Bouillabaisse und der Risotto alla Milanese.

Über unser Rezept

Dieses Rezept müsste Sie eigentlich auch dann vom Fleck weg begeistern, wenn Sie kein Risotto-Fan sind. Der feine Geschmack des echten Rundkornreises wird hier abgerundet durch die sanfte Säure des Weißweins, das mildwürzige Aroma von Fleischbrühe, Schalotten und Parmesan – verfeinert wird mit Butter und Sahne.

Der Safran gibt als einziges Gewürz den Ton dieses edlen Risottos an, das zudem verdauungsfördernd wirkt und den Magen nicht belastet.

Tipp

Zur Verwendung in den meisten Gerichten löst man eine Messerspitze Safran in heißem Wasser auf und fügt diese Mischung der Speise zu.

Die Kunst des Risotto-Kochens

Der für ein Risotto geeignete Reis, der in der Po-Ebene und im Piemont angebaut wird, ist in italienischen Abpackungen mit den Zusätzen »semifino« und »fino« gekennzeichnet. Beim Kochen muss man stets darauf achten, dass der Reis nicht zu trocken werden darf. Ein Risotto muss stets sämig bleiben. Unsere Variante des klassischen Mailänder Risottos erhält zusätzlichen Pfiff durch einen Hauch Parmesan.

Reis à la Parma

Für 4 Personen

2 Schalotten
80 g Butter
1 l heiße Rinderbrühe
300 g Rundkornreis
1/8 l trockenen Weißwein
1 Msp Safran
1/8 l Sahne
100 g Parmesankäse

1 Die Schalotten in kleine Würfel schneiden und in der Hälfte der Butter andünsten. Währenddessen die Rinderbrühe erhitzen.

2 Den Reis dazugeben und kurz schmoren lassen, bis die Körner glasig sind. Mit Weißwein ablöschen und nach und nach die heiße Brühe dazugeben. Zwischendurch warten, bis die Flüssigkeit aufgesogen ist.

3 Kurz vor Ende der Kochzeit den in heißem Wasser aufgelösten Safran unterrühren.

4 Vor dem Servieren die restliche Butter, Sahne und Parmesankäse unterziehen. Mit Lamm oder Hühnchen servieren.

Thymian

Thymus vulgaris

Im gesamten südeuropäischen Raum ist Thymian ein altbekanntes Heilkraut, das früher vor allem im felsigen, sonnigen Gelände wild wuchs, heutzutage jedoch in großem Stil angebaut wird. Am aromatischsten ist jedoch der wild wachsende Thymian. Nach Mitteleuropa kam der niedrige Halbstrauch mit dem intensiven Geruch vermutlich durch die Benediktinermönche und war dort bald weit verbreitet. So kannte ihn in Deutschland die Äbtissin Hildegard, und auch bei Albertus Magnus ist über ihn zu lesen. Geschätzt wurde er besonders wegen seiner kräftigenden, stimulierenden Wirkung – der Name, vom Griechischen »thymos« (= Kraft, Mut) abgeleitet, deutet schon darauf hin.

Heilwirkung

Schon bei den alten Griechen und im Mittelalter war der Thymian als Heilpflanze sehr geschätzt. Hippokrates und Dioskurides erwähnten ihn, und auch im »Capitulare«, einer »Pflanzenliste« Karls des Großen, wird er aufgeführt. Albertus Magnus und Hildegard von Bingen kannten und verwendeten ihn gerne.
Mittelalterliche Kräuterbücher empfehlen ihn bei Keuchhusten, Atemnot, Magen- und Darmverstimmungen, gegen Würmer und Vergiftungen.

- Heute wird der Thymian vor allem wegen seiner krampflösenden, auswurffördernden und antibakteriellen Wirkung in den Bronchien geschätzt.
- Er eignet sich auch als Tee zum Inhalieren bei Bronchitis, Keuchhusten und Katarren der oberen Atemwege.
- Möglicherweise kann der Thymian in bestimmten Fällen Asthma lindern.

Inhaltsstoffe

- *Ätherisches Öl*
- *Gerbstoffe*
- *Bitterstoffe*
- *Flavonoide*
- *Harze*

Anbau im Gewürzgarten

Thymian lässt sich im Garten wie auch im Blumentopf problemlos ziehen. Er ist anspruchslos, gedeiht jedoch besonders gut in leichtem, möglichst kalkhaltigem Boden. Ferner mag er es warm und sonnig; bei feuchtem und kaltem Wetter gedeiht er schlecht und hat dann kein so gutes Aroma. Unter den verschiedenen Arten eignet sich der einjährige Thymianstrauch für die Aussaat am besten, die mehrjährige Pflanze dagegen verliert von Jahr zu Jahr an Geschmack. Geerntet wird das blühende Kraut von Mai bis August. Kurz vor der Blüte und um die Mittagszeit gepflückt ist Thymian am aromatischsten.
Als Zierpflanze macht sich Thymian selbst auf dem Balkon oder im Blumenkasten gut. Man kann ihn gut zu einer Kombination aus Garten- und Zierpflanzen geben. Er duftet wunderbar aromatisch und lockt deshalb auch Insekten an.

Verarbeitung

Auf den Märkten ist sowohl der frische als auch der getrocknete Thymian erhältlich. Wegen seines stärkeren Aromas wird der getrocknete Thymian jedoch meist bevorzugt. Getrockneter Thymian ist als ganzer Strauch, in ganzen Blättchen, gemahlen oder gerebelt im Handel.

Verwendung in der Küche

Am aromatischsten und feinsten schmeckt Thymian, wenn man ihn im Topf mitgart. Man lässt entweder ganze Zweige mitkochen und entfernt sie vor dem Servieren, oder man gibt ihn getrocknet, wobei man ihn zwischen den Fingern »zerbröselt«, an die Speisen.
Frischer Thymian dagegen wird gehackt. Da das Kraut sehr würzig ist, sollte man es nur sparsam verwenden! Thymian passt zu allen Fleischgerichten, herzhaften und fetten Speisen: Er würzt Schweinefleisch, Lamm und Hammel, Geflügel und Hackbraten. Man nimmt ihn zu Eintöpfen, Kartoffeln und Gemüsegerichten.
Darüber hinaus ist er ein klassisches Pizzagewürz. Beliebt ist er auch in Füllungen für Tortellini und Ravioli, in Brühen und Fonds sowie in Tomatensuppe.

Tipp

Thymian passt sehr gut zu Rosmarin, Lorbeer, Muskat und Salbei; mit Majoran dagegen verträgt er sich nicht.

Aus Thymian wird auch das so genannte Thymianöl hergestellt, das in vielen Mundwässern enthalten ist.

Reisbällchen mit Thymian

Für 4 Personen

300 g Langkornreis
3 Bund Frühlingszwiebeln
Paniermehl
3 geraspelte, gekochte Kartoffeln
3 Bund Thymian
Pfeffer und Salz
3 EL Olivenöl
750 g Tomaten
3 Knoblauchzehen
50 g Margarine

1 Den Reis in dreiviertel Liter gesalzenem Wasser 30 Minuten zugedeckt quellen lassen.

2 Währenddessen die Frühlingszwiebeln putzen, die hellen Teile in breite Streifen, die grünen in schmale Ringe schneiden.

3 Den abgekühlten Reis mit Semmelbröseln, Kartoffeln und der Hälfte des Thymians verkneten und mit Salz und Pfeffer würzen.

4 Die Frühlingszwiebeln in mäßig heißem Öl fünf Minuten zugedeckt dünsten.

5 Tomaten achteln und zugeben, mit Salz, Pfeffer und dem durchgepressten Knoblauch würzen und weitere fünf Minuten andünsten.

6 Aus der Reismasse etwa zehn bis zwölf Bällchen formen. Die Bällchen in der Margarine mit dem restlichen Thymian von beiden Seiten goldbraun braten.

7 Die Bällchen auf dem Gemüse anrichten und servieren. Dazu Lammkoteletts reichen.

Gewürze mit harntreibender Wirkung

Petersilie, so schreibt Kräuterpfarrer Künzle, »verbessert nicht nur den Geschmack der Speisen, sondern birgt dazu noch Heilkräfte, die Leber, Nieren und Blase reinigen und den Urinabgang fördern«. Zu den Gewürzen mit harntreibender Wirkung zählen auch Borretsch, Kerbel und Petersilie.

Borretsch

Borago officinalis

Borretsch kam im 15. Jahrhundert aus dem Mittleren Osten zu uns und erfreute sich bald großer Beliebtheit. Vor allem die Römer schätzten ihn sehr. Der römische Schriftgelehrte Plinius schrieb: »Ich, Borretsch, bringe immer Freude.« Man glaubte, dass die Pflanze mit den himmelblauen Blüten fröhlich mache und die Traurigkeit vertreibe. Es hieß, ein Borretschstrauß, ins Schlafzimmer gestellt, rufe süße Träume. Wie sehr man ihn liebte und schätzte, zeigen die Namen, die man ihm gab: »Herzfreude«, »Wohlgemutsblume«, »Liebäuglein«. Borretsch ist eine einjährige Pflanze mit fleischigem Stängel, weichen Blättern und üppigem Blütenstand. Er blüht vom Mai bis in den Herbst hinein und ist bei uns als Kulturpflanze und wild anzutreffen. Als Zierpflanze wird er häufig zu anderen Pflanzen ins Gemüse- oder Kräuterbeet und sogar in den Balkonkasten gepflanzt, weil er mit seinen sternförmigen, blauen Blüten so hübsch anzusehen ist.

Heilwirkung

Leider konnten die bisherigen wissenschaftlichen Untersuchungen die altbekannten, stimmungsaufheiternden Wirkungen des Borretsch nicht begründen. In der Volksmedizin allerdings glaubt man bis heute, dass Borretsch nicht nur harntreibend wirkt, sondern sogar bei nervösen Herzleiden gute Hilfe leistet.

Inhaltsstoffe

- *Ätherische Öle*
- *Schleimstoffe*
- *Mineralsalze (Kaliumsalze)*
- *Gerbstoffe*
- *Kieselsäure*

- Borretsch wirkt harn- und schweißtreibend.
- Er gilt als vorzügliches Mittel zur Herz- und Nervenstärkung.
- Borretsch soll das Blut reinigen, Fieber senken und Entzündungen der Schleimhaut und Venen beheben.

Verwandte des Borretsch sind das heilkräftige Lungenkraut und der Beinwell.

Anbau im Gewürzgarten

Borretsch lässt sich gut im Garten ziehen. Er hat saftige Blätter, die nach Gurken riechen und schmecken, was der Pflanze auch den Namen »Gurkenkraut« einbrachte. Das Kraut verlangt einen lehmigen, kalkhaltigen Boden und viel Sonne und sät sich leicht selbst aus.

Wer keinen Garten hat, kann ihn auch im Blumentopf ziehen. Dabei ist allerdings zu berücksichtigen, dass der Borretsch wie das Basilikum, der Rosmarin, Salbei oder Thymian aus den heißen, sonnigen Ländern des Mittelmeergebietes kommt. Er braucht unbedingt einen geeigneten, sonnigen und windgeschützen Standort, um zu gedeihen. An der richtigen Stelle eingepflanzt, erfreut er auch das Auge mit seinen hübschen blauen Hängeblütchen.

Verarbeitung

Borretsch wird im Sommer auf den Märkten angeboten, doch verwelkt er sofort nach dem Schnitt. Er wird auch getrocknet und gemahlen angeboten, doch frisch oder eingefroren ist er vorzuziehen.

Verwendung in der Küche

Wegen seines Gurkengeschmacks ist Borretsch eine beliebte Zutat zu Kopf-, Gurken- und Tomatensalat. Sehr gut schmeckt er eingelegt in Essig oder Öl. Am feinsten schmecken die Blättchen fein gewiegt oder geschnitten (so spürt man die Härchen nicht).

Kleingeschnittener Borretsch passt vorzüglich zu Jogurt, Frischkäse und Quark. Er würzt Hackfleischgerichte, so manche Kräutersauce (u. a. die berühmte Frankfurter Grüne Sauce → Seite 63), Geflügelfüllungen, aber auch Bohnengerichte, Suppen und Fleischgerichte.

In Italien isst man den Borretsch als Gemüse, man benutzt ihn als Füllung für Ravioli oder kocht ihn wie Spinat.

Über unser Rezept

Für dieses Rezept können Sie entweder frischen Borretsch, feingewiegt, aus dem eigenen Garten verwenden, oder die getrockneten bzw. eingefrorenen Blätter klein hacken.

Tipp

Die Blüten kandiert man und garniert damit Torten. Legt man sie in Essig, verfärbt sich der Essig himmelblau.

Erbsensuppe mit Borretsch

Für 4 Personen

4 frische Frühlingszwiebeln
1 EL Butter
1 TL Curry
1 EL Weizenkornmehl
600 ml Geflügelfond (Glas)
400 g tiefgekühlte Erbsen
1 Prise Salz
Schwarzer Pfeffer, frisch gemahlen
200 g Crème fraiche
3–4 Blätter Borretsch
½ Bund Petersilie

1 Zwiebeln schälen, in dünne Ringe schneiden, mit geschmolzener Butter andünsten. Curry und Mehl darüber streuen, unter Rühren kurz anbraten und sofort mit 400 Milliliter Geflügelfond ablöschen.

2 300 Gramm von den Erbsen dazugeben, die Suppe einmal aufkochen lassen und dann bei kleiner Temperatur köcheln, bis die Erbsen gar sind.

3 Die Suppe abkühlen lassen und dann im Mixer pürieren.

4 Die pürierte Suppe im Topf mit dem restlichen Fond und mit 100 Gramm Erbsen erhitzen.

5 Mit Salz und Pfeffer abschmecken und mit 200 Gramm Crème fraîche verfeinern. Anschließend eventuell nochmals erwärmen – aber nicht mehr zum Kochen bringen.

6 Den gehackten Borretsch und die feingehackte Petersilie darüber streuen und mit frischem Weißbrot servieren.

Kerbel

Anthriscus cerefolium

Das Kraut aus der Familie der Doldengewächse ist im südlichen Russland zu Hause, war jedoch schon früh den Römern und Griechen bekannt. Auch in Deutschland schätzte man das »Körffelkraut« sehr. »Es machet lustig zu essen«, schrieb Tabernaemontanus, der berühmte Kräuterkundige des 16. Jahrhunderts, und Lonicerus pries ihn als Allheilmittel gegen vielerlei Gebresten und Krankheiten. Die einjährige Pflanze hat schöngefiederte, weiche Blätter und weiße Blüten, sie riecht aromatisch und süß und schmeckt ein wenig nach Anis. Man nennt sie auch die »Petersilie des Feinschmeckers«. Die Engländer und vor allem die Franzosen schätzen sie sehr.

Heilwirkung

Kerbel sollte ein Bestandteil jeder Diätküche sein, da er einen würzigen Eigengeschmack mit dem Vorzug verbindet, keine Nebenwirkungen zu haben! Stattdessen regt er den Stoffwechsel an und hat deshalb eine spürbar belebende Wirkung auf den Organismus.
Die gute, gesunde Wirkung des Kerbel war schon im Altertum bekannt, und so ließ auch Karl der Große ihn in seinen »Capitulare de villis«, in seiner Landgüterverordnung, die auch für Klöster galt, aufführen. Schon seit dieser Zeit gilt der Kerbel als schweiß- und harntreibend.

- Er reinigt das Blut, entschlackt und stärkt aufgrund seines hohen Vitamin-C- und Mineralstoff-Gehalts das menschliche Immunsystem.
- Der frisch gepresste Saft wird gern zu Frühjahrskuren verwendet.
- Außerdem hat er den Ruf, die Menstruation zu fördern und bei Frauenkrankheiten Beschwerden zu lindern.

Inhaltsstoffe

- *Ätherisches Öl*
- *Flavonoide*
- *Fettes Öl*
- *Vitamin C*
- *Mineralstoffe*

Anbau im Gewürzgarten

Kerbel lässt sich gut im Garten ziehen. Er liebt lockeren Boden, Halbschatten und viel Feuchtigkeit. Ausgesät wird zeitig im Frühjahr und dann etwa alle zwei bis drei Wochen bis September. So hat man immer frische, aromatische Blätter. Geerntet wird vor der Blüte, ältere Blätter verlieren ihr zartes Aroma. Übrigens soll Kerbel Ameisen vertreiben!

Verarbeitung

Frisch schmeckt der Kerbel am besten, doch gibt es ihn auch getrocknet oder gerebelt. Sehr gut schmeckt er tiefgefroren, eingelegt in Salz oder in Olivenöl (zusammen mit Basilikum).

Verwendung in der Küche

Frisch in die Speisen gegeben ist Kerbel am gesündesten und aromatischsten!

Kerbel ist Bestandteil der berühmten »Fines herbes«, würzt Omelettes, Rühreier, so manchen Salat und die berühmte Kerbelsuppe. Die frischen Blättchen werden für Saucen, Suppen, Kräuterbutter, Quark, Rohkost und Gemüse, aber auch zur Dekoration verwendet. Man streut ihn über klare Fleischbrühen, gegrillten Fisch, Bratkartoffeln und viele Fleischgerichte. Er würzt Kräuterbutter und gibt Weinessig ein wunderbares Aroma.

- Kerbel verträgt sich sehr gut mit anderen Küchenkräutern und wird gerne gemeinsam mit Estragon, Basilikum und Petersilie gebraucht.

Über unser Rezept

Diese Blumenkohlcremesuppe erhält durch das Kochen in Hühnerbrühe einen besonders feinen Geschmack. Sie müssen übrigens keine frische Hühnerbrühe nehmen. Auch die Suppen aus der Packung sind gehaltvoll genug. Besser wäre natürlich ein Hühnerfond aus dem Glas. Die Butter und die Sahne machen die Suppe zwar fett und üppig, garantieren andererseits ein volles Aroma, das gut zum Blumenkohl passt. Der Kerbel mildert die blähende Wirkung des Blumenkohls und gibt der sahnigen Suppe Frische und Leichtigkeit.

Kerbel schützt vor Läusen und Schnecken, wenn man ihn zwischen Salatpflanzen aussät.

Blumenkohlsuppe mit Kerbel

Für 4 Personen

1 ganzer Blumenkohl
50 g Butter
1 l Hühnerbrühe
2 Msp Kerbel
1 Prise Salz
Schwarzer Pfeffer, frisch gemahlen
4 TL Sahne

1 Den Blumenkohl putzen, im Ganzen in genügend kaltem Salzwasser waschen und in kleine Röschen zerteilen.

2 In einem Suppentopf die Butter heiß werden lassen und die Blumenkohlröschen in der Butter anbraten. Mehrmals umrühren, damit der Blumenkohl nicht ansitzt.

3 Nach drei bis fünf Minuten gießen Sie einen Liter Hühnerbrühe zum Blumenkohl und warten, bis die Suppe einmal aufgekocht hat. Anschließend die Temperatur reduzieren und die Suppe bei geschlossenem Deckel etwa 20 Minuten lang kochen lassen. Anschließend die Suppe abkühlen lassen

4 Frischen Kerbel in der Zwischenzeit waschen, trocken schleudern und fein hacken. Am besten trocken und in einer Tasse aufbewahren.

5 Die Suppe im Mixer pürieren und danach nochmals im Topf erhitzen. Mit Salz und Pfeffer würzen, die Suppe vom Herd nehmen.

6 Nun die Sahne zügig einrühren, den Kerbel darüber geben und servieren.

Petersilie

Petroselinum crispum

Die Blatt- und Wurzelpetersilie aus der Familie der Doldenblütler ist in Südeuropa, vermutlich in Sardinien, zu Hause und wächst heute wild oder angebaut überall in Europa. Bei uns wurde die Petersilie erstmals in der Küchenordnung Karls des Großen als Würz- und Küchenkraut aufgeführt. Die heilige Hildegard von Bingen erwähnte sie in ihrer »Physica«, und Matthiolus schrieb um 1563: »Petersilien wurtzel und kraut sindt insonderheit nutz und gutt in aller speis, dann sie drucken nider die aufblähung des magens.« Man unterscheidet zwei Arten von Petersilie: die Wurzel- und die Blattpetersilie, wobei letztere wiederum in eine glattblättrige und eine krausblättrige Form unterteilt ist. Die glattblättrige Petersilie riecht und schmeckt etwas aromatischer als die krause Sorte, die krause Petersilie wird dagegen gerne zur Dekoration von kalten Fleischplatten, Tellergerichten, belegten Brötchen und ähnlichem verwendet.

Heilwirkung

Die Wirkstoffe der Petersilie, ihr ätherisches Öl, die Vitamine C und B, Kalium und Kalzium machen sie als harntreibendes und entblähendes Mittel, das als Gewürz den Speisen beigegeben wird, in der Küche unentbehrlich. Die Petersilie wurde früher auch als Mittel für Rheumakranke und bei Leberleiden empfohlen. Heute weiß man, dass sie Nebenwirkungen hat: Schwangere und Nierenkranke sollten nie zu viel nehmen!

- Wurzeln, Blätter und Samen beider Petersilienarten wirken harntreibend, entkrampfend und entwässernd.
- Die Petersilie bekämpft Fäulniserreger im Magen- und Darmtrakt.
- Sie löst Krämpfe und lindert Husten.

Inhaltsstoffe

- *Ätherisches Öl*
- *Vitamin C, B*
- *Kalium*
- *Kalzium*

Anbau im Gewürzgarten

Beide Petersilienarten lassen sich gut im Gewürzgarten ziehen. Für den Anbau eignet sich ein tiefgrundiger, nahrhafter Boden. Im Gegensatz zu vielen anderen Gewürzpflanzen bevorzugt die Petersilie einen feuchten, halbschattigen Standort und wird deshalb gerne mit Erdbeeren, Lauch, Radieschen und Salat gezogen. Ausgesät wird möglichst früh im März, am besten mit einer Reihe Radieschen als Zwischensaat, um sie vor Schädlingsbefall zu schützen. Empfehlenswert ist ein Reihenabstand von 25 Zentimetern. Später verzieht man die Pflanzen auf 15 Zentimeter Abstand.

Petersilie ist winterhart, aber bei sehr kaltem Wetter sollte man sie mit Reisig abdecken. Wer keinen Garten hat, kann sie auch sehr gut im Blumentopf oder Blumenkasten, die mit gutem Kompost gefüllt sind, ziehen.

Aufbewahrung

Für den Winter kann man Petersilie fein hacken und, mit Salz vermengt, in einem Glas aufbewahren.

Verarbeitung

Die Blattpetersilie ist das ganze Jahr über frisch erhältlich, die Wurzelpetersilie dagegen nur im Herbst und Winter. Die Blätter werden frisch, unzerteilt oder gewiegt, getrocknet oder gerebelt verwendet. Frisch hat das Kraut das beste Aroma.

Verwendung in der Küche

Die würzige Petersilie zählt zu den beliebtesten und am meisten gebrauchten Küchenkräutern – ohne sie wäre eine große Zahl von Gerichten der europäischen Küche undenkbar.

Die Wurzelpetersilie ist wichtiger Bestandteil des »Bouquet garni« und wird in Suppen und Eintöpfen mitgekocht.

Klein gehackt verleihen die Blätter der Blattpetersilie Suppen aller Art, Eintöpfen, Gemüsegerichten und den verschiedensten Salaten ihr Aroma. Aber auch Fleisch-, Fisch- und Geflügelgerichte, Hackfleisch und Pasteten, Eierspeisen, Quark und Kartoffeln aller Art verfeinert sie.

Italienische Petersilien-spagetti

Für 4 Personen

500 g Spagetti
1 Zwiebel
2 Knoblauchzehen
7 EL Olivenöl
2 Bund glatte Petersilie
300 ml Weißwein
Salz, Pfeffer
50 g Butter
Parmesankäse zum Bestreuen

1 Die Spagetti in reichlich Wasser geben und in etwa acht Minuten (bissfest) kochen.

2 Währenddessen die Zwiebel und die Knoblauchzehe fein hacken und in Olivenöl anbraten.

3 Die Petersilie waschen, trockentupfen und fein wiegen. Zu zwei Dritteln ins Fett geben, den Weißwein angießen, die Sauce zur Hälfte einkochen und abschmecken.

4 Die gut abgetropften Spagetti mit Butter, der Sauce und der restlichen Petersilie vermischen.

5 Mit dem Parmesankäse bestreut servieren.

Petersilie gehört zur französischen Kräutermischung der »Fines herbes« und ist wichtiger Bestandteil der »Frankfurter Grünen Sauce« (Seite 63).

In Frankreich schätzt man die Petersilie als Grundlage der »Persillade«, einer Mischung aus fein gehackter Petersilie mit Schalotten, die man dem Gericht erst nach Garwerden zufügt.

Über unser Rezept

Ungewohnt ist es für uns, dass die Petersilie nicht wie sonst eine »Nebenrolle« spielt, sondern das tonangeben Gewürz in einem Gericht ist. Probieren Sie dieses Spagettirezept einmal aus – Sie werden erstaunt sein, wie herzhaft die Sauce ist.

Wacholder

Juniperus communis

Es gibt kaum eine Pflanze, die als Heilpflanze so sehr geschätzt wird wie der Wacholder. Schon die Ärzte in der Antike lobten ihn über alle Maßen und empfahlen ihn wegen seiner wassertreibenden Kraft. Im Mittelalter waren die Beeren geschätzt als Arznei für Magen, Darm, Niere und Blase, aber auch gegen Rheumatismus und Gicht. Seiner großen Wirkung als Heilpflanze ist es wohl zuzuschreiben, dass er im Aberglauben der Völker eine so große Rolle spielte. Die Germanen verwendeten Wacholderreisig bei ihren Opferhandlungen und beim Verbrennen der Toten. Nach ihrer Meinung beschwor ein Unglück, wer frevlerisch einen Wacholderstrauch abschlug. Auch galt der Wacholderstrauch viele Jahrhunderte als Mittel zur Erhaltung der ewigen Jugend. Selbst gegen die Pest sollte Wacholder helfen. Botanisch gesehen gehört der immergrüne, bis zu zehn Meter hohe Strauch zur Familie der Nadelhölzer. Seine Heimat ist die gemäßigte und kalte Zone der nördlichen Halbkugel: Man findet ihn in Heide- und Berglandschaften, Mooren und lichten Nadelwäldern.

Heilwirkung

Ein Blick auf die Inhaltsstoffe verrät es schon – Wacholderbeeren sind wirksame Heilmittel. Ein Zuviel an Wacholderbeeren sollte man allerdings meiden, weil das Nierengewebe leiden kann. Nierenkranke sollten Wacholderbeeren deshalb nur vorsichtig anwenden.

INHALTSSTOFFE

- *Ätherisches Öl*
- *Flavonoide*
- *Gerbstoffe*
- *Zucker*
- *Harze*

- Wacholder hilft bei Wasseransammlungen, gestörter Harnausscheidung, Rheuma und auch bei Gicht.
- Man verordnet ihn gegen Sodbrennen, Völlegefühl und andere Verdauungsstörungen.
- Als Faustregel gilt pro Person zwei bis drei Beeren.

Sammeln in der freien Natur

Wacholder wächst wild an Berghängen, auf Heideland, in Mooren, lichten Wäldern und auf Triften. Gesammelt werden von August bis Oktober die reifen, blauschwarzen Früchte. Das Pflücken ist wegen der spitzen Nadeln sehr beschwerlich. Man legt daher Tücher unter die Sträucher und holt die Beeren durch Klopfen an die Zweige herunter. Getrocknet werden sie an einem luftigen Ort.

Verarbeitung

Verwendet werden nur die getrockneten Beeren, sie sind ganz oder gemahlen erhältlich. Daneben sind Wacholderbeeren in einer Reihe von Gewürzmischungen enthalten. Die besten Beeren stammen aus Italien und Jugoslawien. Man kann die ganzen Beeren mitkochen oder sie zerdrückt den Gerichten beigeben.

Verwendung in der Küche

Wacholderbeeren sind die ideale Würze für Wild und deftige Hausmannskost. Mit ganzen Beeren verfeinert man Sauerkraut, Kohlgerichte, Wirsing, Eintöpfe, Gulasch und andere Fleischgerichte, aber auch Fischsud und -marinade und Fond von Geflügel und Wild. Zerdrückte Wacholderbeeren würzen Frikadellen, Pasteten, Saucen und Obstgelee.

- Wacholder passt gut zu Lorbeer, Knoblauch, Majoran, Thymian und Fenchel.
- Gegen üblen Mundgeruch hilft das Zerkauen von zwei Wacholderbeeren vor dem Essen und einer nach dem Essen.

Über unser Rezept

Durch die Gewürze erhält die Lammkeule einen besonders würzigen Geschmack. Knoblauch, Wacholder, Piment, der eher herbe Thymian und der kräftige Rosmarin erinnern an den Duft südlicher Berghänge. Auch der Sellerie und die Karotten unterstreichen dieses »wilde« Aroma. Mit dieser Lammkeule machen Sie aber nicht nur Fans der mediterranen Küche eine Freude, sondern auch Gourmets. Der Eigengeschmack des Lammfleisches harmoniert mit diesen Gewürzen besser als mit so manch anderer Zubereitung.

VORSICHT!

Alle schwangeren Frauen und vor allem jeder, der nierenkrank ist, sollte Wacholder grundsätzlich meiden! Wacholder greift in den Wasserhaushalt ein.

Lammkeule

Für 4 Personen

6 Knoblauchzehen
1 TL Rosmarin, 1 TL Thymian
½ TL Piment
½ TL schwarzer Pfeffer
6 zerstoßene Wacholderbeeren
4 EL Senf, 3 TL Salz
6 EL Olivenöl
1,5 kg Lammkeule
2 Karotten, 1 kleine Sellerieknolle
3 EL Butterschmalz
200 g Crème fraiche

1 Eine Würzmasse herstellen aus zerdrückten Knoblauchzehen, den Kräutern, Wacholderbeeren, Senf, Salz und Olivenöl.

2 Die Lammkeule mit dieser Mischung gut einreiben und mindestens eine Stunde ruhen lassen.

3 Karotten und Sellerie schälen und würfeln. Den Backofen auf 200 °C vorheizen.

4 Butterschmalz in einen Bräter geben und auf dem Herd erhitzen. Die Lammkeule von allen allen Seiten gleichmäßig anbraten.

5 Karotten- und Selleriestücke hinzufügen und die Keule im Backofen etwa 30 Minuten braten. Anschließend 600 Milliliter Wasser beigeben und alles 60 Minuten schmoren.

6 Die Lammkeule aus dem Bräter nehmen und einige Minuten ruhen lassen.

7 Sauce und Gemüse pürieren, Crème fraiche einrühren und mit den Fleischscheiben servieren.

Über dieses Buch

Der Autor
Herbert Schwinghammer lebt als Fotograf und freier Journalist in München. Gesundheit und ganzheitliche Medizin sind die Themen, auf die er sich spezialisiert hat. Außerdem kocht und isst er gerne, was dem vorliegenden Buch zu seinen Rezepten verholfen hat.

Der Fotograf
Paul Ehrenreich lebt und arbeitet in München. Für den Weltbild Verlag hat er auch das Buch »Heilschnäpse zum Selbermachen« fotografiert. Beide Themen liegen ihm sehr am Herzen, denn: Er kocht gern, er trinkt gern – und er ist kerngesund.

Haftungsausschluss
Die Inhalte dieses Buches sind sorgfältig recherchiert und erarbeitet worden. Dennoch kann weder der Autor noch der Verlag für die Angaben in diesem Buch eine Haftung übernehmen.

Bildnachweis
Alle Fotos: Paul Ehrenreich/BLICKPUNKT FOTODESIGN, München
Mit Ausnahme von: AKG Archiv für Kunst und Geschichte GmbH, Berlin: 8, 11; Bildarchiv Preußischer Kulturbesitz, Berlin: 9 (Arenhold/Fischer), 10 (Aertsen/Braun); Natur Fotografie Frank Hecker, Panten-Hammer: 48 (Hecker); Photo-Press Bildagentur GmbH, Stockdorf/München: 12 (Geduldig), 103 (Geduldig); Reinhard Tierfotos, Heilig-Kreuzsteinach: 14 (Reinhard), 17 (Reinhard), 24 (Reinhard), 52 (Reinhard), 53 (Reinhard), 97 (Reinhard), 109 (Reinhard); Tony Stone Associates GmbH, München: 6/7 (Greypink)
Titel (Vorder- und Rückseite): Food Archiv, München (Fischer)

Styling: Indres Carmesin, München

Impressum

Weltbild Buchverlag, Augsburg

Redaktion: Verena Zemme, Christine Bier, München
Bildredaktion: Susanne Allende
Umschlag: Lydia Koch
Layout: Buchhaus Gigler, München
DTP/Satz: AVAK Publikationsdesign, München
Reproduktion: Typework Layoutsatz & Grafik GmbH, Augsburg
Druck und Bindung: Druckerei Appl, Wemding

Gedruckt auf chlorfrei gebleichtem Papier

Printed in Germany

ISBN 3-89604-723-X

Stichwörter von A bis Z

Rezeptregister

Kräuter und Gewürzregister

Fachbezeichnungen der Kräuter und Gewürze